Consommation de cannabis et droit pénal

BIBLIOTHÈQUE*S* DE DROIT

COLLECTION FONDÉE ET DIRIGÉE PAR JEAN-PAUL CÉRÉ

Cette collection a pour vocation d'assurer la diffusion d'ouvrages scientifiques sur des thèmes d'actualité ou sur des sujets peu explorés dans le domaine des sciences juridiques. Elle se destine notamment à la publication de travaux de jeunes chercheurs.

Dernières parutions :

E. MANGIN, L'univers carcéral, la mère détenue et son enfant

P. LAURENT, L'incohérence des lois de circonstances en matière pénale

P. GOASDOU, L'impartialité du ministère public

M. GERMAIN, Essai sur l'influence du pédophile à l'égard du silence des tiers

F. LOUISE, Droit de grâce sous la Ve République

C. MORALES, Le droit animal

C. MENABE et M. MARTINELLE (dir.), L'enfant en prison

Y. JEANNERET, A. KUHN et B. LAPEROU-SCHENEIDER, Droit pénal français et droit pénal suisse

B. BARRAUD, Le pragmatisme juridique

N. LORY, La saisie pénale des biens incorporels

M. PERRIN, Le statut pénal de l'animal

A. TATARINOFF, Génocide et crimes de masse (1933-1946)

P. ROUSSEAU, Autonomie personnelle et droit pénal

BIBLIOTHÈQUE DE *DROIT PENAL*

Marie-Caroline Glomet

Consommation de cannabis et droit pénal

Pour une légalisation contrôlée

Préface d'Evan Raschel

L'Harmattan

5-7, rue de l'Ecole-Polytechnique, 75005 Paris

http://www.editions-harmattan.fr

ISBN : 978-2-343-19480-6
EAN : 9782343194806

Je voudrais adresser mes remerciements au Directeur de ce mémoire, le Professeur Evan Raschel, pour sa disponibilité et ses précieux conseils qui m'ont permis d'avancer sereinement dans la rédaction de ce travail.

Je tiens à témoigner aussi de toute ma reconnaissance à ma Directrice de Master 2, le Professeur Anne-Blandine Caire, pour ses encouragements, son encadrement et son intérêt pour le sujet traité.

Je souhaiterais également remercier mes parents, Joëlle et Christian Glomet, pour leurs remarques avisées mais également leur soutien et leur confiance inestimable.

Principales abréviations

ANSM ....
... Agence nationale de sécurité du médicament et des produits de santé
CBD .... Cannabidiol
CP .... Code pénal
CSP .... Code de la santé publique
CSTT .... Comité scientifique spécialisé temporaire
MILDECA ....
...Mission interministérielle de lutte contre les drogues et les conduites addictives
OEDT............. Observatoire européen des drogues et des toxicomanies
OFDT ....Observatoire français des drogues et des toxicomanies
OMS .... Organisation mondiale de la santé
THC Delta-9-tétrahydrocannabinnol

Préface

Faut-il maintenir l'interdiction de la consommation du cannabis en France ? Le cas échéant, comment parvenir à s'assurer de l'effectivité de cette prohibition ?

Un débat passionnant – et passionné – oppose depuis longtemps les juristes, mais aussi les politiques, les sociologues et économistes, et en réalité la plupart des citoyens : comment ne pas se sentir concerné par ces épineuses questions ?

Dans cette discussion, partisans comme opposants du système international et français prohibant presque totalement toute utilisation du cannabis disposent de solides arguments.

Les partisans de l'interdiction du cannabis mettent en avant deux enjeux principaux. La santé publique d'abord : bien que son usage soit banalisé, le cannabis reste une drogue présentant un risque de dépendance qui, s'il ne doit pas être exagéré, ne peut non plus être nié. La sécurité publique ensuite, qui peut être atteinte par certaines pratiques liées à la consommation de cannabis. Pensons aux drames de la circulation routière – les associations concernées sont d'ailleurs parmi les plus ferventes défenseures de la pénalisation du cannabis. Par ailleurs, toute évolution de la législation dans un sens favorable au cannabis est présentée comme pouvant encourager des trafics, lesquels génèrent eux-mêmes des troubles à l'ordre public qu'il est impératif de combattre.

Cependant les opposants à la prohibition – auxquels, l'intitulé du mémoire ne laissant guère de doute à ce sujet, Mme Glomet se rattache avec conviction – ne manquent pas d'arguments. Ils relativisent la nocivité d'une consommation raisonnée et maîtrisée du cannabis, qu'ils comparent avec l'alcool (voire le tabac) pour souligner le contraste de leurs traitements juridiques – qui effectivement ne manque pas d'interpeller. Plus encore, c'est l'intérêt du cannabis utilisé à des fins thérapeutiques qui devrait *a minima* convaincre. Quant aux trafics, ils pourraient précisément diminuer – à défaut de véritablement disparaître – en raison d'une offre qui deviendrait tolérée, voire légale.

Bref, les enjeux sont considérables, et aucun argument (qu'il émane des opposants ou des partisans de la prohibition) ne doit être mésestimé.

Dans ces conditions, le risque est grand de ne pas arriver à un avis tranché ce qui, par la force des choses, ne peut que maintenir un *statu quo* – nécessairement insatisfaisant, puisque personne ne conteste l'échec du système actuel. Tel est le cas, reconnaissons-le d'emblée, du signataire de cette préface.

Dans son mémoire, réalisé et brillamment soutenu dans le cadre du Master 2 Carrières judiciaires de l'Université Clermont Auvergne, Mme Glomet a au contraire le mérite de défendre une position à la fois claire et audacieuse.

Ni prohibition, ni dépénalisation, ni décriminalisation : c'est une véritable légalisation qui est appelée de ses vœux, qui autoriserait l'usage thérapeutique comme récréatif du cannabis.

Certes, cette position n'est plus parfaitement originale. Ce qui l'est, c'est que bien au-delà d'un soutien dogmatique à une idée, la légalisation est envisagée ici très pragmatiquement.

La légalisation prônée devant être encadrée pour limiter voire empêcher toute dérive, le mémoire de Mme Glomet est émaillé de propositions concrètes censées répondre aux multiples enjeux d'une légalisation du cannabis. Juridiques bien sûr : à cet égard le mémoire contient en annexe des suggestions précises de réforme du Code de la santé publique ; mais aussi sociétaux et économiques.

Différentes idées intéressantes sont avancées. Toutes n'emporteront sans doute pas la conviction des lecteurs – c'est la loi du genre. Mais toutes les amèneront à réfléchir sur cette question essentielle dans notre société. Tel est précisément l'intérêt d'un travail de recherche, et de sa publication dans une maison aussi prestigieuse.

Evan RASCHEL

Agrégé de droit privé & sciences criminelles

Professeur à l'Université Clermont Auvergne

Introduction

Qui n'a jamais entendu parler du « Club des hachichins » ? Groupe d'artistes et d'écrivains, il a été fondé au milieu du XIXème siècle par le docteur Jacques-Joseph Moreau[1]. Ayant découvert le chanvre indien (alias le cannabis) au cours d'un voyage à l'étranger, ce médecin psychiatre s'est intéressé à ses effets psychoactifs et son impact sur la santé mentale. Ses études reposent sur sa propre expérimentation, qu'il poursuit à son retour en France et où il ne tarde pas à initier ses connaissances parisiennes. Le premier adepte a été Théophile Gautier qui a retranscrit l'intégralité de son expérience[2], suivi de peu par Charles Baudelaire[3] pour ne citer qu'eux. A cette époque, le cannabis ne fait l'objet d'aucun encadrement. Loin d'être pénalement sanctionnée, ni même interdite, la consommation du stupéfiant est au contraire valorisée. Source d'inspiration pour certains et d'évasion pour d'autres, ce changement radical interpelle sur le sens de la politique pénale actuelle et mérite à la fois des explications et des perspectives d'évolution.

Le terme « cannabis » provient du latin *cannabis,* dérivé du grec *kannabis*, et signifie « chanvre ». Son étymologie démontre les liens millénaires qu'il y a entre la plante et l'homme, mais surtout que le cannabis est du chanvre. En réalité, ils appartiennent à une seule et même espèce appelée

---

[1] Connu sous le nom de Jacques-Joseph de Tours.

[2] GAUTIER (T.), Le Club des Hachichins, La revue des deux mondes, 1846

[3] BAUDELAIRE (C.), Du vin et du haschisch, 1851.

Cannabis Sativa. Pour les botanistes, cette plante dioïque[4] existe sous différentes formes, sous-espèces ou variétés, différant par leur morphologie, leur cycle végétatif ou encore leur composition chimique. En fonction de ces éléments, les plants ne sont pas destinés à la même utilisation et c'est ici que les terminologies populaires permettent de faire la différence.

Le terme de « chanvre » fait référence à la plante cultivée dans les régions tempérées, utilisée pour ses fibres et ses propriétés industrielles. *A contrario*, on parle de « chanvre indien » ou de « cannabis » pour nommer la plante produite dans des régions chaudes et réputée pour ses propriétés psychoactives. La différence tient à la forte concentration du cannabis en tétrahydrocannabinols, cannabinoïdes qui sont à l'origine des effets psychotropes de la plante. Le plus connu est le delta-9-tétrahydrocannabinol, communément appelé THC. Le cannabis est présent sur le marché sous de nombreuses appellations qui regroupent essentiellement deux catégories : l'herbe de cannabis (marijuana) et la résine de cannabis (haschisch). La première se présente sous la forme de débris végétaux regroupant les feuilles et les sommités fleuries de la plante séchée. La seconde est obtenue grâce à un processus de fabrication à base des trichomes[5] de la plante et se présente généralement sous la forme d'un bloc dur et homogène. En définitive, la culture du chanvre est autorisée alors que les activités liées au cannabis sont strictement prohibées en raison de ses effets psychotropes.

---

[4] Une plante dioïque est une plante avec des pieds mâles et des pieds femelles distincts (il existe également des pieds monoïques, rassemblant les fleurs mâles et femelles). Lorsqu'une exploitation est réservée à la culture du cannabis, les producteurs utilisent uniquement les pieds femelles, plus concentrés en principe actif.

[5] Les trichomes sont des excroissances de l'épiderme d'une plante, ressemblant à des petits poils, composés d'une tige et d'une tête contenant le tétrahydrocannabinol.

Une drogue est une substance naturelle ou synthétique, susceptible de créer un effet psychotrope sur le système nerveux central, une dépendance physique ou psychique et un danger sanitaire et social. Cependant, cette qualification juridique universellement admise[6], ne débouche pas pour toutes les drogues sur un interdit pénal. Par exemple, le tabac et l'alcool répondent parfaitement à cette définition mais ne sont pas illégaux. Cette qualité n'explique donc pas à elle seule l'interdiction du cannabis.

Un autre terme doit alors être envisagé, celui de « stupéfiant ». En droit interne ou international, c'est parce que la substance est classée comme stupéfiant qu'elle est interdite. Cependant, aussi curieux que cela puisse paraître, cette notion ne fait l'objet d'aucune définition juridique. Ce vide s'explique par la difficulté de construire une telle définition, n'englobant pas une nouvelle fois, l'ensemble des drogues (alcool et tabac).

Le législateur français a alors trouvé une solution aussi simpliste que critiquable : les stupéfiants sont définis par renvoi à une liste de substances classées[7]. En somme, est un stupéfiant toute substance inscrite sur la liste des stupéfiants. Soulignant l'absurdité de la chose, certains auteurs comparent ce principe à « *définir la nationalité française par l'appartenance à la liste des français* »[8]. De cette manière, et arbitrairement, le cannabis et les tétrahydrocannabinols sont classés comme tel dans un arrêté de 1990[9]. En tant que stu-

---

[6] CABALLERO (F.), BISIOU (Y.), *Droit de la drogue*, 2nd édition, Précis DALLOZ, 2000, § 5 et 6, p 7.

[7] Article 222-41 du Code pénal selon lequel « *Constituent des stupéfiants {…} les substances ou plantes classées comme stupéfiants en application de l'article L. 5132-7 du code de la santé publique* » (CSP). L'article L. 5132-7 du CSP prévoie quant à lui que les substances sont classées comme stupéfiant lorsqu'elles sont « *inscrites sur les listes I et II* » d'un arrêté.

[8] CABALLERO (F.), BISIOU (Y.), *Droit de la drogue*, 2nd édition, Précis DALLOZ, 2000, § 383, p 476.

[9] Arrêté du 22 février 1990, JO n°130, 7 juin 1990, SPSM9000498A.

péfiant, le cannabis fait donc l'objet d'une prohibition en droit interne.

La prohibition peut se définir comme l'interdiction légale, posée par le législateur et enracinée dans la loi. Sauf rares exceptions, ce terme est employé lorsque l'interdit est absolu. Cette politique, appliquée aux stupéfiants, en proscrit généralement la culture, le commerce et l'usage. En France, de la simple consommation au trafic de cannabis, toutes ces activités peuvent conduire en détention. Poussant les interdits à leurs paroxysmes, le pays possède l'une des plus fermes réglementations. A titre d'exemple et pour illustrer la sévérité du régime, la culture de plants de cannabis est en principe punie de vingt ans de réclusion criminelle, contre quinze ans pour un viol non aggravé[10].

Le cannabis a longtemps fait l'objet d'une prohibition quasi unanime. Dans cette optique, la France continue sa « guerre contre la drogue », pour reprendre la célèbre expression de Richard Nixon. Cependant, alors que le consensus international prohibitionniste se lézarde et que les signes d'une fragilisation de l'interdit se multiplient, cette déclaration paraît surprenante.

Depuis plusieurs décennies, des politiques alternatives à la prohibition tendent à émerger. Entre politique de tolérance ou véritable libéralisation du cannabis, nos pays voisins ne cessent de mettre en œuvre des réformes pour pallier l'échec de l'interdit. L'étude des législations étrangères permet alors de mettre en lumière trois autres hypothèses, constituant des politiques réalistes pour le cannabis : la dépénalisation, la décriminalisation et la légalisation. De prime abord, l'ensemble de ces politiques sont des mouvements juridiques, des modifications législatives.

---

[10] Article 222-23 du Code pénal.

La décriminalisation est un concept anglo-saxon plutôt ambigu, nécessitant quelques explications au regard de son étymologie. *Stricto sensu*, elle devrait désigner la transformation d'un crime en délit ou en contravention. Cependant, cette conception ne fait pas l'unanimité et dans une approche plus criminologique que pénaliste du terme « crime », la décriminalisation désigne la suppression de l'incrimination pénale. Au cours de cette étude, nous retiendrons cette seconde conception et l'analyse du Professeur Van De Kerchove[11]. Selon lui, la décriminalisation conduit à l'annulation de la criminalisation d'un comportement, mais ne signifie pas nécessairement que ce comportement est légitimé par le droit. En fait, la décriminalisation suppose l'absence de sanction pénale, mais pas forcément la légalité. Le comportement est sanctionné sous une autre forme, administrative ou civile. Cette hypothèse s'inscrit alors dans un processus plus global, celui de dépénalisation.

La dépénalisation a fait l'objet de nombreuses études doctrinales, au sein desquelles deux grandes tendances se dessinent. La dépénalisation désigne, d'une part, une forme de « désescalade à l'intérieur du système pénal »[12], consistant en un déclassement du comportement incriminé au sein des catégories d'infractions pénales : processus de correctionnalisation ou de contraventionnalisation. D'autre part, la dépénalisation peut désigner « l'opération consistant à soustraire un agissement de la sanction du droit pénal »[13]. Dans ce contexte, deux hypothèses doivent être envisagées : la suppression de l'infraction (aboutissant à la légalité du comportement) et le dessaisissement du système pénal au

---

11 VAN DE KERCHOVE (M.), « Médicalisation » et « fiscalisation » du droit pénal: deux versions asymétriques de la dépénalisation, *Déviance et société*, vol.5, 1981, p 1-23.

12 RASCHEL (E.), *La pénalisation des atteintes au consentement dans le champ contractuel*, Thèse Droit privé, Université de Poitiers, 2013, § 7, p 23.

13 CORNU (G.) (dir.), *Vocabulaire juridique*, PUF, coll. Quadrige, 9ème édition, 2012, v. Dépénalisation.

profit d'une autre variante, civile, administrative. Dans ce dernier cas, il s'agit d'une décriminalisation comme définie précédemment, signifiant que la décriminalisation n'est en réalité qu'une forme de dépénalisation.

En somme, le terme de dépénalisation désigne : le déclassement du comportement incriminé au sein des catégories d'infractions pénales, ainsi que la suppression de l'interdit pénal. Quant à la décriminalisation, elle renvoie aux situations où la sanction pénale est remplacée par une sanction administrative. Nous qualifions ces politiques de « tolérantes » car appliquées à la consommation de cannabis, elles consistent généralement en la suppression de l'infraction d'usage, la mise en œuvre d'une simple amende ou encore d'une sanction administrative.

La dernière alternative à envisager est la légalisation. Désignant la consécration légale d'une pratique jusqu'alors illicite, elle implique la mise en place d'un cadre légal permettant alors de différencier ce processus de réforme d'une simple dépénalisation. Appliquée au cannabis, la légalisation peut être « totale », c'est-à-dire aboutir à l'autorisation de l'ensemble des usages. Les pays empruntant cette voie ne sont pas majoritaires même si, depuis plusieurs années, l'attractivité de ce mouvement libéraliste se fait ressentir. Le Canada constitue alors une parfaite illustration. La légalisation peut également être « partielle », c'est-à-dire cantonnée à un seul domaine. Dans ce cas, seul l'usage de la plante dans un but médical est autorisé et encadré. Sur ce point, une petite révolution semble se dessiner en France avec l'expérimentation du cannabis thérapeutique.

Utilisée en médecine par de nombreuses civilisations, la plante avait totalement disparu des pharmacopées modernes. Réhabilitée depuis deux décennies par la science dans ce domaine, de nombreux États permettent actuellement son utilisation dans le cadre de différentes pathologies ; rien qu'au sein de l'Union Européenne (UE) vingt et un pays l'ont autorisée ! En France, ce débat est réapparu sur la scène médiatique grâce à l'initiative d'un élu creusois. Ce département du Limousin fait l'objet d'un plan particulier depuis la fin de l'année 2017. Dans ce cadre, le Président de la République avait sollicité l'ensemble des représentants à faire des propositions, même extra-légales, pour redynamiser le territoire. Il n'en fallait pas plus à Éric Correia[14] pour voir dans le cannabis médicinal une solution satisfaisante. Infirmier anesthésiste de profession, son expérience lui a fait prendre conscience que certains patients consommaient la plante pour soulager leur douleur[15] et du retard français sur la question. Son idée est alors de faire légaliser le cannabis thérapeutique et de le produire dans son département : la Creuse. Ce projet a parfois pu faire sourire, pourtant l'engouement médiatique ne s'est pas fait attendre. Sensible aux arguments développés par le député Jean-Baptiste Moreau[16], le laboratoire pharmaceutique Terali implanté à Guéret ou encore des agriculteurs prêts à se lancer dans l'aventure, le gouvernement s'est saisi du projet. A la demande de la Ministre de la Santé[17], un Comité scientifique spécialisé temporaire (CSST) a été constitué par l'Agence nationale de sécurité du médicament et des produits de santé (ANSM), pour se pencher sur « l'évaluation de la pertinence et de la faisabilité de la mise à disposition du cannabis thérapeutique en France ». Après un premier avis favorable pour l'expérimentation, un projet a été présenté en juin

---

14 Président de la Communauté d'Agglomération du Grand Guéret et Conseiller Régional Région Nouvelle Aquitaine.

15 RAPEGNO (J.), « Le président du Grand Guéret et conseiller régional Éric Correia revient sur son initiative », Interview d'Éric Correia, *La Montagne Centre-France*, 26 décembre 2018, p 8.

16 Agriculteur et député de la Creuse.

17 BUZIN Agnès, Ministre de la Santé.

2019[18]. En octobre de la même année, tout s'est accéléré : l'ANSM a créé un nouveau CSST dénommé cette fois-ci « mise en œuvre de l'expérimentation du cannabis médical en France »[19] et au même moment, le sujet entre à l'Assemblée nationale via le projet de loi de financement de la Sécurité sociale. En effet, un amendement[20] prévoyant l'expérimentation et la prise en charge par la sécurité sociale a été largement adopté en commission des affaires sociales… Quoiqu'il en soit, l'expérimentation de cette nouvelle alternative, devrait se dérouler à compter du 1er janvier 2020 dans des conditions assez restrictives pour permettre l'évaluation du dispositif. Si l'expérience est concluante, une future légalisation des préparations pharmaceutiques à base de cannabis semble possible.

Les opposants à cette légalisation avancent que cette dernière constitue la première étape de la libéralisation du cannabis dit « récréatif », ce qu'ils jugent inconcevable. Mais alors, qu'est-ce qui a pu pousser un État comme le Canada à franchir le pas ? De manière générale, la légalisation (ou tout autre politique de drogue autre que prohibitionniste) a pour objet de remplacer la lutte contre la drogue pure et dure par une lutte contre l'abus de drogue. Appliquée plus particulièrement au cannabis, l'objectif n'est pas d'inciter à la consommation ou de promouvoir le trafic, mais de mettre en place un encadrement efficace. Sur ce point, il convient de rappeler que ce travail porte sur la seule consommation de drogue, sans envisager la lutte contre le trafic.

---

[18] CSST Évaluation de la pertinence et de la faisabilité de la mise à disposition du cannabis thérapeutique en France, *Cannabis à visée thérapeutique : cadre de la phase expérimentale*, 26 juin 2019.

[19] ANSM, Décision DG n°2019-365, *Création CSST Mise en oeuvre de l'expérimentation du cannabis médical en France*, 15 octobre 2019.

[20] Amendement déposé par VÉRAN Olivier, député La République En Marche, Rapporteur général de la commission des affaires sociales.

Les politiques de drogues sont aujourd'hui l'expression d'enjeux et de tensions au sein de nos sociétés contemporaines[21]. L'usage de ces substances se diffuse et les réponses publiques face à ce phénomène font régulièrement l'objet de reproches au regard des controverses qu'elles soulèvent. Ces problématiques sont d'autant plus importantes pour le cannabis.

Aujourd'hui, 700 000 français consomment du cannabis quotidiennement, 5 millions en fument au cours de l'année et 17 millions en ont fumé au moins une fois au cours de leur vie[22]. Toutes les générations sont touchées par le phénomène faisant ainsi de l'usage du stupéfiant un enjeu de santé publique. L'usage de cannabis est souvent réduit à son cas le plus grave, celui de l'addiction installée. Cependant, la réalité des expériences est beaucoup plus complexe et laisse apparaître que toutes les consommations ne sont pas problématiques. Alors qu'un usage récréatif et ponctuel est très largement majoritaire, ce dernier n'a pas sa place au sein de la politique actuelle. La prohibition ne permet pas la distinction, traitant systématiquement les consommateurs de délinquants ou de malades. Pourtant, les données scientifiques récentes tendent à démontrer que les usages modérés ne représentent pas de danger plus important que ceux liés à l'alcool. La prohibition du cannabis n'est donc plus une politique réaliste, si elle l'a été un jour, et en conséquence une évolution est nécessaire. Les pouvoirs publics doivent prendre conscience que l'intérêt n'est pas de dicter un interdit intenable, mais de permettre la mise en œuvre d'un système protégeant les sujets les plus à risque et de militer pour des usages à moindre risque. Un monde sans drogue est utopique.

---

21 JAUFFRET-ROUSTIDE (M.), GRANIER (JM.), « Repenser la politique des drogues : Introduction », *Esprit*, vol. février, n°2, 2017, p 39-54.

22 OFDT, *Drogues et addictions : données essentielles*, 7ème édition, 18 avril 2019.

Outre les questions de santé publique, le cannabis représente une manne financière considérable. Les estimations relatives à l'importance du trafic de drogues varient en fonction des organismes. La Mission interministérielle de lutte contre les drogues et les conduites addictives (MILDECA), évaluait le marché à environ 2,3 milliards d'euros en 2016, l'Institut national de la statistique et des études économiques (INSEE) à 2,7 milliards d'euros dans une étude de 2018 et la Direction centrale de la police judiciaire (DCPJ) à 3,5 milliards d'euros. Quels que soient les chiffres retenus, le cannabis génère près de la moitié de ces « recettes », élevant cette activité illicite au rang des plus rentables. Le marché des drogues est en pleine expansion et celui du cannabis ne fait pas exception. Les chiffres relatifs aux saisies parlent d'eux-mêmes. Nous y reviendrons plus tard, mais pour donner un ordre d'idée, en 2007 il avait été enregistré environ 37 tonnes de cannabis saisis, alors que dix ans plus tard on évalue à 87 tonnes[23] les saisies effectuées. Ce chiffre a certainement encore augmenté ! Tandis que la consommation est très importante, l'absence d'encadrement étatique laisse le champ libre au trafic, faisant perdre de nombreuses ressources à l'État et contribuant à un enrichissement sans précédent du crime organisé.

Le trafic de cannabis a également des coûts sociaux et économiques. Cela traduit les conséquences de la consommation sur les tiers et les pertes que fait subir cet usage à la collectivité. Plusieurs aspects sont alors pris en compte dans ces calculs. La consommation conduit à des dépenses de santé, hospitalisations ou soins, supportées par la collectivité qui auraient pu être utilisées autrement. De la même manière, elle peut entraîner une perte de productivité dans les entreprises ou encore absorber le temps précieux des services répressifs… Personne ne peut évaluer clairement la

---

[23] OFDT, *Drogues et addictions ; données essentielles*, 7ème édition, 18 avril 2019, p 67-68.

proportion de ces coûts, mais selon la dernière étude exploitée par l'Observatoire français des drogues et des toxicomanies (OFDT), ils s'élèveraient à 9 milliards d'euros pour l'ensemble des drogues illicites. Ce chiffre s'explique en grande partie par le fait que ces substances sont criminalisées, sans pour autant nier que la consommation même de ces dernières entraîne également des coûts sociaux et économiques.

Enfin, les questions de drogue au sein d'un État emportent des enjeux politiques. L'orientation des mesures peut facilement représenter le clivage gauche-droite. La prohibition trouve ses nombreux partisans au sein des partis de droite et d'extrême droite, tandis que les partisans du libéralisme se retrouvent principalement au sein de la gauche et de ses extrêmes. La droite traditionnelle refuse la légalisation du cannabis, par principe cette position lui permettant de garder une partie de son électorat et éviter que celui-ci ne prenne un tournant plus sécuritaire. La gauche traditionnelle est plus encline à soutenir cette proposition, même si la peur de n'être pas soutenue par la moitié de la population la prive d'une certaine audace en la matière. Pourtant, quel que soit la ligne politique de chacun, il faut vivre avec des œillères pour ne pas comprendre et constater l'échec de l'interdit. Une nouvelle fois, comme trop souvent en politique, les intérêts privés de chacun prennent le pas sur les intérêts collectifs. Cependant, après cette année charnière en matière de cannabis, nous pouvons imaginer sérieusement que sa libéralisation devienne un sujet phare de la prochaine campagne présidentielle.

L'ensemble de ces éléments tendent à démontrer que le droit se trouve dans une impasse. La répression pénale, attachée à l'infraction de consommation de drogue ne semble plus capable de contenir l'usage de cannabis, si elle l'a permise un jour. Au cours des développements, nous verrons que la répression est en pratique à la hauteur de l'infraction même, ne causant un dommage qu'au consommateur lui-même. En fait, la répression aboutit souvent à une mesure alternative aux poursuites[24]. Cette affirmation était cependant vraie jusqu'à la loi du 23 mars 2019 de programmation et de réforme de la justice[25]. Cette dernière a étendu le champ d'application de l'amende forfaitaire délictuelle. Les profanes, tenant de la répression, assimilent cette mesure à une forme de dépénalisation. Seulement, en s'attardant un peu plus sur le régime de cette nouvelle procédure, elle semble au contraire renforcer la répression en la rendant systématique et immédiate[26].

A l'heure actuelle, nous pouvons considérer que la consommation de cannabis devient une pratique culturelle ancrée concourant à la banalisation de la substance. Les radios jouent des musiques anglo-saxonnes ou françaises louant les mérites du stupéfiant, l'industrie du cinéma n'hésite pas à produire des films ou séries en l'honneur de trafiquant et même à la télévision on parle de cannabis comme de verveine. Dans cette optique, bon nombre de citoyens revendiquent la liberté de consommer de la drogue et particulièrement du cannabis qu'ils assimilent aux drogues légales. De la même manière, des voix de plus en plus nombreuses s'élèvent contre la politique prohibitionniste dont elles dénoncent l'inefficacité et les effets pervers. En juin 2019[27], soixante-dix personnalités appelaient à la légalisation du cannabis aussi bien à des fins thérapeutiques que récréatives. Différents corps de métiers étaient représentés,

---

24 Partie 1, Chapitre 2, Section 1, Paragraphe 2 « L'inapplication de la loi pénale pour les consommateurs de cannabis ».

25 Loi n°2019-222 du 23 mars 2019 de programmation 2018-2022 et de réforme pour la justice.

26 PERRIER (JB.), « Les (r)évolutions de la procédure pénale », *Recueil Dalloz*, n°19, 23 mai 2019, § 13, p 1061-1068.

27 L'OBS, « L'appel de 70 médecins, élus, économistes : « Pourquoi nous voulons légaliser le cannabis » », 19 juin 2019.

médecins, économistes, juristes, députés, démontrant l'évolution de l'opinion publique sur la question. Au sein de cette liste, nous retrouvons l'ancien ministre de la santé, Bernard Kouchner, militant au départ pour la dépénalisation, puis la légalisation du cannabis.

L'objectif de cet ouvrage tend alors à démontrer, à ceux qui n'en sont pas encore convaincus, que la prohibition constitue un véritable échec tant sur le plan national, qu'international. La France trouve les origines de son régime prohibitionniste dans ses engagements internationaux, instaurant une interdiction progressive au cours du XXème siècle. Au départ cantonnée à l'opium, la prohibition s'est très vite étendue à d'autres substances dont le cannabis. Ainsi, le droit national repose en grande partie sur le droit international en la matière. Cependant, le régime applicable au cannabis n'est pas toujours simple. Le législateur n'a en effet pas pris soin de faire évoluer le droit, au regard des évolutions techniques et scientifiques entraînant alors des situations confuses, voir des vides juridiques. Ces éléments permettront, d'ores et déjà, d'appréhender les difficultés de la législation actuelle. Plus encore, la réalité de la lutte contre le cannabis démontrera la débâcle de la politique prohibitionniste. En mobilisant des matières telles que la criminologie ou la médecine, nous verrons que la prohibition n'a pas eu les résultats escomptés. Bien au contraire, cette dernière a parfois eu l'effet inverse : multiplication du trafic, augmentation de la consommation…

Lorsque l'on adresse une critique, il est de mise de proposer des solutions pour pallier les lacunes mises en lumière. C'est alors le deuxième objectif de cette étude : envisager et proposer des alternatives crédibles permettant de sortir d'un système vieux d'un demi-siècle. Au travers d'une étude de droit comparé, les systèmes étrangers de dépénalisation, décriminalisation et légalisation seront étudiés afin d'appréhender les avantages, désavantages, de ces politiques.

Alors que la dépénalisation et la décriminalisation constituent une avancée certaine, ces dernières laissent des problématiques en suspens : maintien du trafic, absence de contrôle des marchandises… La légalisation apparaît alors comme le modèle d'encadrement le plus abouti. Des modalités de production aux règles de distribution un système crédible et pragmatique peut-être proposé, permettant ainsi à l'État de reprendre le contrôle sur cette question de santé publique.

1ère PARTIE

L'ÉCHEC DE LA POLITIQUE PROHIBITIONNISTE

La consommation de drogues n'est pas nouvelle, pour autant, le contrôle exercé sur le commerce et l'usage de ces dernières est relativement récent. La prohibition trouve ses origines au siècle dernier, sous l'impulsion de la communauté internationale. Au fur et à mesure du temps, le régime a connu un durcissement avec un encadrement plus contraignant et une augmentation du nombre des substances contrôlées. Aujourd'hui, un catalogue de près de 300 produits psychoactifs sert de fondement aux politiques actuelles en matière de drogue, dont fait partie le cannabis.

Pour comprendre la logique prohibitionniste, il convient tout d'abord de s'intéresser précisément aux obligations posées par la communauté internationale et la manière dont le droit français s'y est confortée. L'interdiction bat son plein au sein de ces deux ordres juridiques, permettant d'affirmer qu'il existe aujourd'hui une prohibition du cannabis en droit (Chapitre 1).

A la lecture de l'ensemble des textes, il apparaît que la préoccupation essentielle de ce type de législation est la protection de la santé publique. En fait, l'interdiction tend à limiter la consommation de cannabis et ambitionne même sa disparition totale. Cependant, malgré la mise en œuvre de « politique de tolérance zéro », tendant à la prise de sanctions systématiques, ces objectifs ne semblent pas atteints. Depuis plusieurs années, les signes de l'échec prohibitionniste ne cessent de se faire jour mettant en lumière l'inadaptation de la politique française (Chapitre2).

Chapitre 1. Une prohibition affirmée en droit

La politique internationale en matière de drogue et de cannabis est inspirée par la politique américaine de Harry J. Anslinger, responsable du Bureau fédéral des narcotiques et ancien partisan de la prohibition de l'alcool. Après avoir mené une campagne de diabolisation de la « marihuana », il est à l'origine d'une loi américaine de 1937 prohibitionniste en matière de cannabis. Anslinger a basé l'ensemble de sa campagne anti-marijuana[28] sur la peur en décriant ses effets néfastes sur la population et notamment en ce qui concerne les minorités. Il explique que *« la plupart des fumeurs de majiruana sont des gens de couleur, des musiciens de jazz et des artistes »* et qu'elle est *« la drogue qui a causé le plus de violence dans l'histoire de l'humanité »*. A l'époque, il trouve dans la presse un allié de taille : les journaux font leurs unes sur des faits divers qui seraient liés à la consommation de marijuana. Pour pousser le Congrès à voter sa loi, Anslinger reprend à la tribune une affaire sordide où un jeune homme a massacré l'ensemble de sa famille et qui a reconnu être consommateur de cannabis. L'affaire est choquante et il n'en faut pas moins pour que le Congrès vote la loi sur la taxation. Pourtant, aucune étude scientifique ne prouve à l'époque le lien entre toxicomanie et délinquance. Au contraire, le célèbre rapport LaGuardia mené à compter de 1938 a prouvé le contraire. Mais, pour faire taire ses détracteurs, Anslinger interdit toutes les expériences médicales et scientifiques portant sur la plante de cannabis.

---

28 Marihuana Tax Act (MTA), 2 août 1937 ; met en place un régime de taxation pour l'ensemble des acteurs de la filière de chanvre et de lourdes peines pour les contrevenants : la possession illégale constituait un crime, puni de deux à quarante ans de prison. Cette taxe décourage alors l'utilisation du chanvre dans tous les domaines.

C'est ainsi que cette politique menée outre atlantique, a réussi à guider le droit international moderne. La marijuana est certes apparue quelques années plus tôt dans les premiers traités internationaux, mais c'est néanmoins à la demande des États-Unis qu'elle a été inscrite parmi les drogues les plus néfastes. La communauté internationale a donc mis en place, au fur et à mesure du temps, un régime de contrôle du cannabis basé sur le principe de la prohibition (Section 1). La France, partie à l'ensemble des traités internationaux portant sur les questions de drogues, possède aujourd'hui une législation semblable (Section 2).

Section 1. La politique internationale de contrôle

La Conférence de Shanghai de 1909 sur l'opium, tenue à la demande de Théodore Roosevelt, constitue le point de départ de l'encadrement international des drogues. N'ayant qu'une valeur déclarative à cette époque, les principes dégagés sont repris par la Convention de la Haye de 1912 qui les édicte comme de véritables normes internationales.

Le texte porte essentiellement sur l'opium, mais il apparaît également des dispositions disparates relatives aux drogues de synthèse type héroïne ou cocaïne. Le but réside dans l'encadrement strict de la production et de commerce de l'opium afin de réduire sa consommation. De manière générale, sa licéité est limitée aux seuls usages médicaux et ainsi, l'usage récréatif fait l'objet d'une prohibition internationale. Les règles dégagées dans ce texte vont guider l'ensemble des travaux internationaux et s'appliquer quelques années plus tard au cannabis.

Il convient alors d'étudier l'institutionnalisation de l'interdiction du cannabis dans les traités onusiens (§1), ainsi que les infimes dérogations à la prohibition (§2)

§ 1. L'institutionnalisation du cannabis dans les traités onusiens

Le cannabis, désigné sous le terme de *« Indian hemp »*[29] , fait son entrée dans la liste des substances contrôlées au niveau international dans la deuxième convention de Genève[30] de 1925. C'est à la demande de l'Égypte et de l'Afrique du Sud que la substance est intégrée car à cette époque, sa consommation ne fait pas débat en Occident et aucune mesure coercitive n'est envisagée. Le but n'est donc pas de prohiber la plante mais d'encadrer strictement sa production et son commerce afin de limiter la consommation.

Après la Convention de Genève de 1925, plusieurs conventions internationales se sont succédées : la Convention de Genève pour limiter la fabrication et réglementer la distribution des stupéfiants de 1931, l'accord de Bangkok sur la consommation d'opium la même année et la Convention pour la répression du trafic illicite des drogues nuisibles de 1936. Cette dernière constitue un tournant majeur dans la construction des traités internationaux en matière de drogue. C'est le premier qui prend en compte les activités illicites liées aux drogues et en fait des crimes internationaux, alors qu'antérieurement, tous les traités avaient pour but d'encadrer et réglementer les activités licites.

Aujourd'hui, la réglementation de la drogue et du cannabis repose en droit international sur trois traités. Tout d'abord, il y a la Convention unique sur les stupéfiants de 1961 qui incorpore le cannabis au sein de ses différentes classifications (A), puis successivement les Conventions de Vienne de 1971 et de 1988 (B).

---

29 Traduit comme « chanvre indien ».

30 Convention internationale de l'opium, 19 février 1925, Article 11.

A. Le classement du cannabis dans la Convention unique sur les stupéfiants

La Convention unique sur les stupéfiants du 30 mars 1961, constitue la base du système international moderne de contrôle des stupéfiants. L'Organisation des Nations-Unies (ONU) crée avec cette convention un nouvel organe : l'Organe International de Contrôle des Stupéfiants(OICS)[31].

Le texte met en place un système de classification des substances que l'ONU entend encadrer. Officiellement, les stupéfiants sont répartis au sein de quatre tableaux selon leur dangerosité et leur classement détermine le niveau de contrôle exercé. Ainsi, plus la substance est susceptible d'abus, de nocivité, plus elle est contrôlée tant au niveau de sa fabrication et de son commerce, que de sa distribution. Les stupéfiants sont définis comme les substances présentes dans les tableaux I et II[32].

Tout d'abord, le tableau I regroupe les stupéfiants qui engendrent une dépendance et des effets nocifs comparables à la morphine, la cocaïne ou le cannabis. Ils sont soumis à l'ensemble des dispositions de la Convention unique[33]. Le contrôle exercé est donc extrêmement contraignant puisque la production, le commerce, la distribution, l'usage, sont prohibés sauf rares exceptions. La conclusion est alors que les trois substances comparatives sont considérées comme néfastes et que le cannabis est appréhendé par la communauté internationale comme particulièrement nocif.

Le tableau II concerne les éléments considérés comme stupéfiants mais qui ont des risques comparables à la codéine par exemple. Ils ont une utilité médicale certaine et

---

[31] L'OICS est chargé de contrôler la manière dont les État mettent en œuvre leurs obligations internationales découlant des traités internationaux relatifs aux stupéfiants.

[32] Convention unique sur les stupéfiants, 30 mars 1961, Article 1 (§1 j).

[33] Convention unique sur les stupéfiants, 30 mars 1961, Article 2 (§1).

c'est pour cela qu'ils bénéficient d'un régime dérogatoire. Les règles sont plus souples concernant leur distribution. Par exemple, les États n'ont pas l'obligation d'imposer leur délivrance à une ordonnance médicale.

Le tableau III reprend les stupéfiants classés dans les deux tableaux précédents et qui sont analysés comme sans risque d'abus, sans effets nocifs. Ils sont soumis au même contrôle que celui applicable au tableau II, mais avec certains assouplissements concernant leur commerce.

Le dernier tableau reprend certaines des substances mentionnées dans le premier. Dès lors, l'ensemble des dispositions de la Convention s'applique mais il est également prévu que des dispositions supplémentaires leurs seront applicables *« en raison des propriétés particulièrement dangereuses »*[34] de ces dernières. Ce sont les drogues pour lesquelles il est estimé qu'elles peuvent entraîner des risques de dépendance accrus et des effets nocifs importants, sans valeur thérapeutique connue.

Le cannabis est inscrit dans les tableaux I et IV, au côté de l'héroïne. Il est défini par le texte comme *« les sommités florifères ou fructifères de la plante de cannabis (à l'exclusion des graines et des feuilles qui ne sont pas accompagnées de sommités) dont la résine n'a pas été extraite »*[35]. Dès lors, il faut comprendre que l'interdiction vaut pour les pieds mâles et femelles, mais pas pour les fibres et les graines. Il est également prévu que la convention ne s'applique pas à la culture de la plante à des fins industrielles ou horticoles[36]. Le classement du cannabis dans cette convention peut faire débat car son cadre légal est le même que pour l'héroïne par exemple. Toujours d'actualité, le texte met sur le même plan une drogue telle

---

[34] Convention unique sur les stupéfiants, 30 mars 1961, Article 2 (§5).

[35] Convention unique sur les stupéfiants, 30 mars 1961, Article 1 (§1 b).

[36] Convention unique sur les stupéfiants, 30 mars 1961, Article 28 (2).

que le cannabis dont les effets sont nocifs, mais qui ne sont en rien comparables avec ceux d'une drogue injectable.

La convention de 1961 remplace et abroge l'ensemble des traités antérieurs portant sur les questions de drogue. Néanmoins, elle reprend l'essentiel des principes qui y étaient dégagés et c'est pour cela qu'elle est qualifiée d'« unique ». Elle est complétée par un protocole adopté quelques années plus tard en 1972 dont les dispositions sont inspirées d'une convention entrée en vigueur un an plus tôt : la convention sur les substances psychotropes.

B. Le classement du THC dans la convention de Vienne sur les psychotropes

La Convention de Vienne sur les substances psychotropes du 21 février 1971, constitue l'acte II de l'offensive internationale contre la drogue. Ce nouveau texte intervient avec le développement de l'industrie chimique et pharmaceutique qui a créé de nouvelles substances synthétiques. Ces dernières ne sont pas visées par la Convention unique et en l'absence de contrôle, un nouveau trafic a fait son apparition. La convention de Vienne a pour but de les répertorier afin de leur appliquer un encadrement similaire à celui mis en place depuis 1961.

Sur le modèle précédent, les substances sont classées au sein de quatre tableaux. Néanmoins, il y a quelques différences créant parfois des difficultés de compréhension ; les définitions permettant le classement ont des similitudes mais l'ordre des nomenclatures n'est pas le même. A la lecture de l'article 2, on se rend compte que l'inscription des substances dans la convention de 1971 repose sur l'évaluation de leur potentiel de dépendance, de leur activité sur le système nerveux et de leurs valeurs thérapeutiques.

Le tableau I de la convention sur les psychotropes recense les substances dont l'abus présente un risque grave pour la santé publique et dont les valeurs thérapeutiques sont faibles. Cela correspond alors au tableau IV de la Convention unique sur les stupéfiants[37]. Ces préparations font l'objet d'un régime spécial prévu par l'article 7 de la convention de 1971. Par exemple, leur utilisation de manière générale est prohibée sauf exception ; si leur fabrication, commerce, distribution et détention sont autorisés, il faut l'obtention d'une licence et une quantité limitée doit être définie ; leur usage par des particuliers n'est pas envisagé, même à titre exceptionnel.

Les autres tableaux réunissent les substances pour lesquelles ils existent un intérêt thérapeutique certain ou un risque faible pour la santé. En raison de ces caractéristiques, les règles relatives à leur contrôle sont moins contraignantes : le principe du régime de licence reste en vigueur, mais par exemple ils peuvent être délivrés à des particuliers sur ordonnance médicale[38].

Sans surprise, le cannabis est de nouveau classé dans les substances considérées comme les plus néfastes sans propriétés thérapeutiques, c'est-à-dire dans le tableau I. Cependant, à la différence de la convention précédente, il n'est pas inscrit sous cette formulation : ce n'est pas la plante qui est interdite mais son principe actif, le THC.

Malgré l'adoption de la Convention unique contre les stupéfiants et la convention sur les substances psychotropes, la consommation de drogue et les trafics ne s'infléchissent pas. C'est pour cette raison que la communauté internationale intervient avec un nouveau texte : la convention de Vienne de 1988. L'idée est que le droit doit être appliqué uniformément pour lutter efficacement contre le trafic de drogue. L'objectif premier est donc d'unifier les systèmes

---

[37] Chapitre 1, Section 1, Paragraphe 1, A *« Le classement du cannabis dans la Convention unique sur les stupéfiants »*.

[38] Convention sur les substances psychotropes, 21 février 1971, Article 9 (§2).

nationaux en matière de répression. En effet, les deux précédentes conventions font obligation aux États de mettre en œuvre un système pénal pour condamner les comportements illégaux, au travers d'articles spécialement dédiés aux « dispositions pénales »[39]. Néanmoins, ils font l'objet de carences définitionnelles. Les infractions et leurs sanctions ne sont pas définies précisément, engendrant une disparité entre les différentes législations nationales qui interprètent les dispositions des conventions. Le but de cette convention est alors de combler les lacunes du dispositif international pour mettre en place une action commune. Cette convention internationale décrit avec précision les comportements que les États doivent réprimer.

§ 2. Les infimes dérogations à l'interdiction du cannabis

L'ensemble des conventions précitées mettent en place un régime d'interdiction, en incitant les États à mettre en œuvre des législations efficaces pour encadrer et contrôler le cannabis de sa production à sa détention. Néanmoins, il serait réducteur d'analyser la logique internationale dans une logique purement prohibitionniste.

Le préambule d'une convention internationale a pour utilité d'exposer les motifs et les buts qui sont poursuivis par le texte. Dès lors, l'analyse des préambules des conventions de 1961 et 1971 démontre une volonté de lutter contre le « fléau » que constitue la toxicomanie. Il est cependant mentionné que l'utilisation des stupéfiants et des psychotropes à des fins médicales est indispensable, surtout en ce qui concerne le traitement de la douleur, mais également qu'ils sont nécessaires dans le cadre de la recherche scientifique. Il est alors possible de déduire dès les préambules que la prohibi-

---

[39] Convention unique sur les stupéfiants, 30 mars 1961, Article 36. Convention sur les substances psychotropes, 21 février 1971, Article 22.

tion aura pour limite l'utilisation médicale et scientifique, et ce, même pour le cannabis (A).

La toxicomanie est définie comme une *« appétence morbide pour des substances toxiques naturelles ou médicamenteuses dont l'usage engendre un besoin impérieux et une dépendance de l'organisme »*[40]. C'est donc la dépendance liée à l'excès de consommation de « drogue ». Néanmoins, dans la lutte contre ce « fléau », le consommateur n'est jamais directement visé par les dispositions des conventions. Mais, depuis 1961, des recommandations sont faites pour que les États développent une meilleure prise en charge médicale des malades (B).

A. La possibilité d'utilisation à des fins médicales et scientifiques

Chronologiquement, il faut tout d'abord étudier la Convention unique sur les stupéfiants de 1961 qui met en place des exceptions à la prohibition générale des drogues et du cannabis.

Tout d'abord, le texte n'interdit pas expressément la plante puisqu'il est prévu la possibilité pour les États d'autoriser sa culture[41]. Dans l'optique où un État permet la production du cannabis, ce dernier a l'obligation de mettre en œuvre un organisme national chargé de l'encadrer strictement par le biais de différentes mesures comme par exemple conditionner la fabrication et le commerce à l'octroi d'une licence.

Par ailleurs, comme vu précédemment, l'ensemble des dispositions de la convention régissent les stupéfiants mentionnés par le tableau I[42]. L'article 30 de la Convention

---

[40] CNRTL, https://www.cnrtl.fr/definition/toxicomanie.

[41] Convention unique sur les stupéfiants, 30 mars 1961, Article 28 (§1).

[42] Chapitre 1, Section 1, Paragraphe 1, A « Le classement du cannabis dans la Convention unique sur les stupéfiants ».

intitulé « *commerce et distribution* » s'applique donc au cannabis et prévoit que les États doivent exiger *« que les stupéfiants ne soient fournis ou dispensés à des particuliers que sur ordonnance médicale »*[43]. Ainsi, on peut déduire que les États ont la possibilité de mettre en place un système de distribution du cannabis pour les particuliers par le biais de prescription médicale.

Enfin, le cannabis est également classé dans le tableau IV, ce qui lui rend applicable des dispositions spéciales prévues par l'article 2 de la Convention unique. Selon cette disposition, les parties peuvent interdire complètement les stupéfiants mentionnés *« à l'exception des quantités qui pourront être nécessaires exclusivement pour la recherche médicale et scientifique, y compris les essais cliniques avec les dits stupéfiants, qui devront avoir lieu sous la surveillance et le contrôle directs de ladite Partie ou être subordonnés à cette surveillance et à ce contrôle »*[44]. Les États peuvent donc interdire de manière générale le cannabis et ce, même dans un but médical, à condition d'autoriser les quantités qui sont strictement nécessaires pour la recherche.

Ces principes sont repris par la Convention de Vienne de 1971, mais avec des dispositions beaucoup plus précises et contraignantes en ce qui concerne la molécule active du cannabis, c'est-à-dire le THC.

Comme vu précédemment, le THC est inscrit au tableau I qui est régi par l'article 7[45]. Il prévoit l'obligation pour les parties d'interdire toute utilisation des substances inscrites *« sauf à des fins médicales très limitées, par des personnes dûment autorisées qui travaillent dans des établissements médicaux ou scientifiques relevant directement de leurs gouvernements ou expressé-*

---

43 Convention unique sur les stupéfiants, 30 mars 1961, Article 30 (§2, b, i).

44 Convention unique sur les stupéfiants, 30 mars 1961, Article 2 (§5, b).

45 Chapitre 1, Section 1, Paragraphe 1, B, 1 *« Le classement du THC dans la convention de Vienne sur les psychotropes »*.

ment autorisés par eux »[46]. Il n'est pas prévu dans la Convention la possibilité pour les États d'autoriser la distribution du THC sur ordonnance médicale, comme dans la Convention précédente.

En résumé, que ce soit pour la plante ou son principe actif, la législation internationale met en place un principe et une exception. Le principe est la prohibition de la culture, de la production, de la fabrication et de l'utilisation de cannabis ; l'exception est l'autorisation contrôlée si le but poursuivi s'avère médical ou scientifique. Cette articulation, entre légalité et illégalité, permet de qualifier le cadre législatif de « politique de contrôle axée sur la prohibition » : lorsque l'activité à titre exceptionnel est licite, un encadrement spécifique doit être mis en place.

B. L'absence d'incrimination des usagers pour une meilleure prise en charge médicale

Si l'on étudie l'ensemble des conventions, on s'aperçoit qu'aucune disposition ne fait référence à la consommation de stupéfiant : le simple usage de cannabis n'est donc pas prohibé en tant que tel. Cependant, il est possible de considérer que ce dernier est incriminé à travers l'interdiction de la « détention » et ce de manière logique puisque pour consommer il faut nécessairement détenir. La Convention unique sur les stupéfiants prévoit d'ailleurs que *« les parties ne permettront pas la détention de stupéfiants sans autorisation légale »*[47], c'est-à-dire en dehors des exceptions à la prohibition étudiées dans le paragraphe précédent. Les consommateurs sont donc punis à travers l'infraction de détention.

Avant 1961, les traités ne prévoyaient pas de prise en charge médicale pour les personnes ayant un problème

---

46 Convention sur les substances psychotropes, 21 février 1971, Article 7 (a).

47 Convention unique sur les stupéfiants, 30 mars 1961, Article 33.

d'addiction aux drogues. Le dispositif international reposait sur des mesures administratives et pénales qui avaient pour but d'empêcher les toxicomanes de se procurer des stupéfiants. Ces mesures n'avaient alors aucun bénéfice sur les questions de santé.

La Convention unique sur les stupéfiants de 1961, non amendée, édicte pour la première fois des recommandations relatives au « traitement des toxicomanes ». L'article 38 prévoyait que les États devaient prendre les mesures nécessaires pour les traiter, les soigner et assurer leur réadaptation. Le paragraphe 2 encourageait même la création de services adéquats pour ces « nouveaux » malades.

Ce volet sanitaire était plutôt bref comparé aux dispositions prohibitionnistes de la convention et abordait la question de manière superficielle. Malgré l'évolution, les problèmes de toxicomanie et les problèmes sociaux n'étaient pas essentiels pour les États. L'article 38 a été modifié par le protocole de 1972 et la nouvelle version du texte est calquée sur l'article 20 de la convention sur les substances psychotropes.

L'article 20 de la convention de 1971 est intitulé *« Mesures contre l'abus des substances psychotropes »*. Les États abandonnent le mot « toxicomane » et optent pour une terminologie moins négative. Au sein de cet article, on voit apparaître des dispositions plus ambitieuses pour lutter contre les pratiques addictives.

Tout d'abord, la Convention exige que les États portent une attention particulière à l'abus des substances psychotropes en préconisant des mesures permettant le dépistage, le traitement, l'éducation, mais également la réintégration sociale des personnes. Le but est que ces personnes bénéficient d'un accompagnement satisfaisant, au-delà de la répression et pour ce faire, les États sont invités à former du personnel.

La prévention et la sensibilisation se font également une place au sein des préoccupations internationales. Il est mentionné que les professionnels amenés à travailler avec les personnes toxicomanes doivent développer leurs connaissances sur les sujets, mais également que ces dernières doivent être diffusées au grand public.

Parallèlement, les États prennent conscience que la réponse pénale systématique mise en place pour les comportements déviants n'est pas la voie la plus efficace. La communauté internationale va alors prévoir la possibilité de substituer une réponse médicale à une réponse pénale, dans le cadre d'abus de consommation de drogue. Ainsi, les articles obligeant la pénalisation vont prévoir des régimes dérogatoires pouvant être mis en place par les États. Pour la première fois, la convention de Vienne permet aux Parties de remplacer, à l'égard des contrevenants qui sont des consommateurs abusifs, toxicomanes, la sanction pénale par des mesures de *« traitement, d'éducation, de post-cure, de réadaptation et de réintégration sociale »*[48]. De la même manière, il est prévu la possibilité de combiner la sanction pénale avec ces mesures.

Ce choix n'était pas présent dans la Convention unique de 1961 non amendée, mais finalement, il est introduit par le protocole de 1972 dans une formulation quasi-identique de la convention de 1971 et reprise par la Convention de 1988.

Les trois conventions mettent en place un régime basé sur la prohibition. Néanmoins, elles accordent également une certaine marge de manœuvre aux États membres. Ces derniers choisissent les stratégies de contrôle des stupéfiants qu'ils veulent mettre en place, adaptant la législation par rapport à leurs réalités socioculturelles, politiques et économiques. Il est donc nécessaire de s'intéresser à la légi-

---

[48] Convention sur les substances psychotropes, 21 février 1971, Article 22 (§ 1 b).

slation française et notamment à l'arsenal pénal que le pays met en place pour lutter contre le cannabis.

Section 2. La politique nationale de contrôle

Le classement français des stupéfiants et des psychotropes est inéluctablement lié aux nomenclatures internationales. En vertu des engagements, la France doit transposer ces différentes classifications. Sur ce modèle, il existe en droit interne une liste pour les substances considérées comme des stupéfiants et une liste pour les substances considérées comme psychotropes. Le classement interne ne suit pas à la lettre les classements internationaux car les différentes conventions stipulent que les États peuvent *« adopter des mesures de contrôle plus strictes ou plus sévères que celles qui sont prévues »*[49]. C'est ce qu'on appelle le principe de sévérité minimum. Il impose aux États de classer toutes les substances visées dans les listes internationales mais leur laisse la faculté d'ajouter d'autres substances ou d'appliquer des règles plus strictes que prévues en droit international.

Tout d'abord, le Code de la santé publique (CSP) prévoit que les substances vénéneuses sont classées comme stupéfiants ou psychotropes par arrêté du ministre de la Santé, après proposition du directeur général de l'Agence française de sécurité sanitaire des produits de santé[50]. Il faut noter que cette formulation est toujours en vigueur aujourd'hui, alors que l'Agence a changé de nom depuis 2012 et se nomme aujourd'hui Agence nationale de sécurité du médicament et des produits de santé (ANSM). Ainsi, le classement des substances relève du pouvoir réglementaire et tout stupéfiant est une substance vénéneuse.

---

[49] Convention unique sur les stupéfiants, 30 mars 1961, Article 39. Convention sur les substances psychotropes, 21 février 1971, Article 23.

[50] Article L5132-7 du Code de la santé publique.

Le cannabis et les tétrahydrocannabinols sont classés parmi les stupéfiants dans un arrêté de 1990[51]. Il comprend 4 annexes au sein desquelles sont réparties des substances de la Convention unique et de la convention de Vienne. La plante de cannabis et sa résine sont classées dans l'annexe I et les différents tétrahydrocannabinols dans l'annexe IV. Il est alors possible de voir que le classement national prend quelques libertés par rapport à la classification internationale en intégrant le THC à la liste des stupéfiants et non pas à la liste des psychotropes.

Qualifié de substance vénéneuse et stupéfiant, le cannabis dans sa globalité est soumis à différents régimes juridiques. De plus, pour complexifier son étude, les dispositions qui lui sont applicables sont réparties au sein du Code pénal (CP) et au sein du CSP. Le premier rassemble l'ensemble des règles pénales qui visent essentiellement à lutter contre le trafic, tandis que le second regroupe les dispositions relatives aux usagers et au traitement des toxicomanes. Il existe donc un dispositif juridique en France composé d'un volet répressif et sanitaire (§ 1).

Par ailleurs, le CSP réglemente également les produits pharmaceutiques. Il est prévu que l'utilisation et les opérations portant sur des substances vénéneuses peuvent être prohibées par décret[52]. En application de cette règle, l'article R5132-86 du CSP met en place une interdiction générale de l'utilisation de la plante de cannabis, mais également des tétrahydrocannabinols, dans les produits pharmaceutiques. Néanmoins, certains cannabinoïdes font l'objet d'exception et ne sont pas visés par les textes (§ 2).

---

51 Arrêté du 22 février 1990, JO n°130, 7 juin 1990, SPSM9000498A.

52 Article L5132-8 du Code de la santé publique.

§ 1. L'existence d'un volet répressif et sanitaire

La prohibition de l'usage de stupéfiant date de 1916[53] en droit interne. A cette époque, seul l'usage en société est prohibé, c'est-à-dire que *« l'usage solitaire dans un lieu privé ne fait l'objet d'aucune incrimination pénale »*[54]. Cette loi intègre le cannabis à partir de 1925 dans le cadre de la convention de Genève[55].

L'usage privé devient également un délit à l'instar de l'usage public avec la loi du 31 décembre 1970, relative aux *« aux mesures sanitaires de lutte contre la toxicomanie et à la répression du trafic et de l'usage illicite »*[56]. Historiquement, cette dernière est comme souvent une réponse à plusieurs faits divers médiatisés. Dans un premier temps, l'explication se trouve dans l'augmentation de la consommation de cannabis chez les jeunes et notamment pendant les mouvements étudiants de contestation de mai 1968. Les stupéfiants deviennent alors un problème d'ordre public pour le gouvernement. Ensuite, il faut nécessairement mentionner l'affaire de la *French Connection* où la France apprend qu'elle est la plaque tournante du marché de l'héroïne aux États-Unis. Enfin, en 1969, un an avant l'adoption de la loi, l'opinion publique s'émeut lorsque les unes des journaux sont dédiées à une jeune fille décédée des suites d'une overdose.

L'initiative parlementaire ne se fait pas attendre, soutenue par le gouvernement. Pour eux, il faut aggraver les peines et incriminer l'usage individuel des stupéfiants pour

---

53 Loi du 12 juillet 1916 concernant l'importation, le commerce, la détention et l'usage des substances vénéneuses, notamment l'opium, la morphine et la cocaïne.

54 CABALLERO (F.), BISIOU (Y.), *Droit de la drogue*, 2nd édition, Précis DALLOZ, 2000, § 448, p 544.

55 Convention internationale de l'opium, 19 février 1925.

56 Loi n°70-1320 du 31 décembre 1970 relative aux mesures sanitaires de lutte contre la toxicomanie, et à la répression du trafic et de l'usage illicite des substances vénéneuses.

sauver la jeunesse. La logique est purement répressive, mais le corps médical appelle à la mise en place de solutions thérapeutiques pour les personnes toxicomanes. La recherche d'une législation alliant mesures répressives et médicales se développe. Ce dualisme est au cœur de la loi de 1970, qui interdit l'ensemble des stupéfiants indistinctement et constitue la base du système juridique relative à ces substances. Elle n'est plus en vigueur aujourd'hui, mais les nouvelles dispositions reprennent l'esprit de cette loi et ont été réécrites dans des termes similaires[57]. C'est pour cette raison que parfois la confusion règne et que beaucoup présente encore cette loi comme toujours en vigueur aujourd'hui.

De manière générale, toute personne qui consomme du cannabis est passible d'une peine d'emprisonnement, peine néanmoins inférieure à celle prévue pour les autres infractions type trafic. Pourtant, un consommateur peut également être poursuivi sur le fondement de ces incriminations. Dès lors, il convient d'étudier l'ensemble du dispositif répressif susceptible de s'appliquer aux usagers (A).

Au côté de ce volet judiciaire et répressif, il est également prévu un volet curatif. L'usager consommant des stupéfiants est alors considéré comme un malade devant bénéficier d'une réponse thérapeutique. Le CSP met en place une mesure dénommée « injonction thérapeutique » qui peut être prononcée à différents stades de la procédure judiciaire (B).

A. Un dispositif sévère pour les consommateurs

Avec la ratification de l'ensemble des traités internationaux sur les stupéfiants, la France s'est engagée à prohiber la production, la vente, la détention du cannabis. Mais contrairement à la plupart des pays de l'Union Européenne, la consommation de ce stupéfiant est également incriminée.

---

[57] Ordonnance n° 2000-548 du 15 juin 2000 relative à la partie Législative du Code de la santé publique.

Le simple usage de stupéfiant est passible d'une peine d'emprisonnement. L'article L3421-1 du CSP prévoit que *« l'usage illicite de l'une des substances ou plantes classées comme stupéfiants est puni d'un an d'emprisonnement et de 3750 euros d'amende »*. Si le prononcé d'une telle peine d'emprisonnement est rarissime, elle est intéressante car elle permet le placement de l'usager en garde à vue, puis la prolongation de la mesure.

Depuis la loi du 23 mars 2019[58], l'alinéa 4 de cet article prévoit que ce délit peut-être simplement puni d'une amende forfaitaire d'un montant de 200€[59]. Il faut préciser que cette amende n'est pas applicable pour les aggravations prévues par le second alinéa de l'article. En effet, l'infraction est punie de cinq ans de prison et 75 000€ quand elle est commise par une personne dépositaire de l'autorité publique, ou chargée d'une mission de service public, ou si la personne doit exercer une mission de transport qui peut mettre en péril la sécurité de ce transport.

La personne qui consomme du cannabis commet donc un délit et peut être condamnée aux peines, amendes mentionnées ci-dessus mais également à des peines complémentaires[60]. Par exemple, elle peut être soumise à l'obligation de participer à un stage de sensibilisation aux dangers de l'usage de produits stupéfiants, se voir suspendre ou annuler son permis de conduire, ou encore l'interdiction d'exercer une profession liée au transport ou de conduire certains véhicules...

De surcroît, comme l'usage de stupéfiants est interdit, les moyens par lesquels il est possible de s'en procurer le sont

---

[58] Loi n°2019-222 du 23 mars 2019 de programmation 2018-2022 et de réforme pour la justice.

[59] Voir Partie 2, Chapitre 1, Section 1, Paragraphe 2 « L'absence d'avenir proche d'une dépénalisation de l'usage de drogue en France ».

[60] Article L3421-7 du Code de la santé publique.

tout autant. Le consommateur peut donc être poursuivi sur un fondement différent car inévitablement l'usage de cannabis est accompagné d'autres infractions.

Le transport, la détention, l'offre, la cession, l'acquisition de stupéfiant sont punis par le CP de dix ans d'emprisonnement et 7 500 000 euros d'amende[61] ; quant à la culture elle est punie de vingt ans de prison[62]. Ainsi, si un usager se rend coupable de ces infractions il peut être poursuivi sur ce fondement et échapper aux dispositions de l'article L3121-1 du CSP mettant en place un régime plus doux. Cela est plutôt surprenant, comme dit précédemment, car pour user d'une substance illicite il faut nécessairement la détenir ou l'acquérir préalablement.

Il y a effectivement un concours de qualification qui vient limiter la portée de l'article spécifiquement réservé au consommateur, puisque selon la qualification retenue, la sanction n'est pas du tout la même. C'est la raison pour laquelle, une circulaire du Garde des Sceaux de 1973 précise que *« la détention de stupéfiants pour la consommation personnelle doit être assimilée à l'usage »*[63].

Il est possible de considérer aujourd'hui que cette interprétation est retenue, ou tout du moins, appliquée par la Cour de Cassation. En effet, de jurisprudence constante, elle considère que *« lorsque le prévenu n'acquiert et ne détient des substances stupéfiantes que pour sa consommation personnelle, sans les offrir ni les céder à autrui, la qualification d'usage de stupéfiants doit être seule retenue, à l'exclusion de celles d'acquisition et de détention de stupéfiants »*[64].

---

[61] Article 222-37 du Code pénal.

[62] Article 222-35 du Code pénal.

[63] Circulaire n°73-11 du 30 mars 1973 relative à l'application de la loi n°70-1320 du 31 décembre 1970.

[64] Cour de cassation, chambre criminelle, 21 octobre 2015, n°14-82.832.

Cette solution est réitérée régulièrement et notamment dans un arrêt de 2019[65], intéressant à étudier au regard de l'articulation entre détention pour consommation personnelle et détention dans le cadre d'un trafic. De prime abord, l'idée selon laquelle de grosses quantités de cannabis permettraient de constituer l'infraction de détention pour trafic, et donc de poursuivre sur le fondement de l'article 222-37 du CP, est assez tentante. Cependant, l'arrêt de la chambre criminelle nous démontre que peu importe les quantités, l'importance réside dans la preuve de la consommation personnelle. En l'espèce, une personne était poursuivie pour détention illicite de stupéfiants ; les gendarmes avaient retrouvé à son domicile 418 pots de cannabis, plusieurs cartons et sachets contenant 90 grammes de cannabis, des chambres et du matériel de culture. Le prévenu explique qu'il se livre à cette culture de cannabis, assez importante, pour satisfaire sa consommation personnelle de cannabis comprise entre 8 et 10 grammes par jour. Au regard des quantités, la Cour d'appel le condamne pour détention illicite de stupéfiant sur le fondement de l'article du 222-37 CP. La Cour de Cassation casse l'arrêt au motif que les juges n'ont pas caractérisé des faits de détention de produits stupéfiants indépendants de la consommation personnelle du prévenu. Elle rappelle que les dispositions spéciales de l'article L3421-1 du CSP, incriminant l'usage de stupéfiant, excluent l'application de l'article 222-37 du CP incriminant la détention de tels produits, si les substances détenues étaient exclusivement destinées à la consommation personnelle du prévenu. Dès lors, l'application de l'article 222-37 du CP est réservée aux seules hypothèses dans lesquelles l'acquisition et la détention s'inscrivent dans le cadre d'un trafic de stupéfiants.

---

[65] Cour de cassation, chambre criminelle, 23 janvier 2019, n°18-82.406.

Enfin, il convient d'envisager une dernière hypothèse par laquelle l'usager de cannabis peut être sanctionné. Il s'agit de la conduite sous l'empire de stupéfiants[66]. Les peines sont alors de deux ans d'emprisonnement et 4 500 euros d'amende, mais également la perte de six points du permis de conduire. Des peines complémentaires sont aussi possibles, notamment la suspension ou l'annulation du permis de conduire.

Toutes les opérations relatives au cannabis et aux stupéfiants en général sont donc punies par des sanctions pénales. Toutefois, il n'est pas impossible de douter de l'efficacité de ces mesures quand la consommation s'inscrit dans une pratique addictive. C'est pour cette raison que le législateur a mis en place des mesures thérapeutiques, aux côtés des mesures répressives, pour répondre à ces problématiques.

B. La possibilité d'une réponse médicale à travers l'injonction thérapeutique

Avant la loi de 1970, peu de mesures sont prévues pour le traitement des toxicomanes. A l'instar des normes internationales, ce volet médical et sanitaire n'est pas une préoccupation pour les autorités françaises. L'usager n'est considéré que comme un trafiquant et il se trouve puni des mêmes peines que celles existant avant 1953. A cette date, une nouvelle loi entre en vigueur et pour la première fois les personnes consommant excessivement des stupéfiants sont reconnues comme des malades. Elle prévoit que le juge d'instruction peut prononcer une obligation de soins par le biais d'une cure de désintoxication, à toute personne reconnue comme faisant un usage abusif de produits stupéfiants. On assiste alors à un passage d'une réponse répressive, à une réponse alliant répression et mesure de sureté, pour les toxicomanes.

---

66 Article L235-1 du Code de la route.

Avant tout, il faut préciser que la législation met en place différents régimes de traitement pour les toxicomanes. Francis Caballero et Yann Bisiou font une *summa divisio* entre les traitements facultatifs et les traitements obligatoires[67]. Les traitements obligatoires sont ceux imposés par les instances judiciaires et peuvent intervenir à tous les stades de la procédure. Ainsi, le procureur, le juge d'instruction et la juridiction de jugement peuvent prononcer une mesure médicale à l'encontre de l'usager. Cette mesure est qualifiée d'« injonction thérapeutique ».

L'injonction thérapeutique peut être un choix offert à l'usager dépendant quand l'action publique n'est pas encore en mouvement. L'article L3423-1 du CSP prévoit la possibilité pour le Procureur de la République de soumettre toute personne « *ayant fait un usage illicite de stupéfiants ou une consommation habituelle et excessive d'alcool* » à une *« mesure d'injonction thérapeutique* ». Selon les termes de l'article, si la personne suit cette mesure jusqu'à son terme, l'action publique n'est pas exercée et la personne peut échapper aux poursuites pénales. Néanmoins, le procureur peut mettre en mouvement l'action publique. Par ailleurs, au stade du jugement, le magistrat a également la possibilité de prononcer une mesure médicale à l'encontre de la personne reconnue coupable du délit d'usage de stupéfiant à titre de peine complémentaire[68]. On retrouve également cette mesure dans la phase d'instruction[69].

Les mesures « d'injonction thérapeutique » sont des mesures de soins ou de surveillances médicales. Elles reposent sur l'examen de la personne intéressée par un médecin qualifié de « médecin relais » qui bénéficie d'une formation ou d'une expérience professionnelle dans le domaine des addic-

---

[67] CABALLERO (F.), BISIOU (Y.), *Droit de la drogue*, 2nd édition, Précis DALLOZ, 2000, § 471, p 578.

[68] Article L3425-1 du Code de la santé publique.

[69] Article L3424-1 du Code de la santé publique.

tions. On retrouve alors les exigences internationales recommandant la formation du personnel en charge des personnes toxicomanes. Le médecin se prononce après l'examen sur l'opportunité de la mise en œuvre de l'injonction thérapeutique. C'est alors lui qui définit les modalités des soins et qui en contrôle le suivi. Si l'intéressé in-interrompt la mesure, l'autorité judiciaire sera informée. Dans cette hypothèse, si l'alternative médicale a été prise par le procureur, l'interruption expose l'intéressé au déclenchement des poursuites ; si elle a été prise par la juridiction de jugement, la personne est punie des peines prévues pour l'usage de stupéfiants[70]. Ces peines ne sont pas applicables si l'injonction thérapeutique a été prononcée contre une personne condamnée à une peine d'emprisonnement assortie du sursis avec mise à l'épreuve ou du sursis assorti de l'obligation d'accomplir un travail d'intérêt général (futur sursis probatoire[71]).

Cependant, l'injonction thérapeutique mise en place à compter de 1970 est très vite tombée en désuétude et ce pour plusieurs raisons. Tout d'abord, parce qu'elle a fait l'objet dès le début de controverse. En effet, la majorité du corps médical est peu favorable à cette mesure considérant que pour un traitement efficace la coercition n'est pas adéquate et qu'il faut nécessairement l'adhésion du malade. De plus, concernant les consommateurs de cannabis, cette mesure n'est pas appliquée. L'explication se trouve en fait dès 1978[72], dans une circulaire indiquant que l'usager de cannabis ne peut pas être considéré comme un véritable toxicomane et qu'ainsi il ne peut pas bénéficier de l'option médicale prévue par le législateur pour éviter une sanction pénale. En

---

70 Article L3421-1 du Code de la santé publique.

71 Loi n°2019-222 du 23 mars 2019 de programmation 2018-2022 et de réforme pour la justice.

72 Circulaire n°69F389 du 17 mai 1978 relative à l'usage de stupéfiants, dite *« circulaire Pelletier »*.

1995, une nouvelle circulaire restreint les catégories d'usagers susceptibles d'être soumis à une injonction thérapeutique tout en prenant en compte les consommateurs de cannabis. Elle prévoit alors que la mesure peut être appliquée aux « *usagers de stupéfiants tels que l'héroïne ou la cocaïne, ou ceux qui s'adonnant au cannabis en font une consommation massive, répétée ou associée à d'autres produits (médicaments, alcool...)* ». De ce fait, la mesure n'est envisagée que pour les cas extrêmes. Elle est même plus que limitée pour les personnes dépendantes au cannabis, alors qu'elle a vocation à s'appliquer à l'ensemble des personnes abusant de stupéfiants. Il y a une disparité entre les réponses pénales pour les usagers selon les substances qu'ils consomment. Pourtant, comme la loi de 1970 met en place un régime indifférencié pour l'ensemble des stupéfiants, les réponses devraient l'être tout autant... Les dérogations mises en place pour ce produit laissent à penser que sa consommation excessive est moins néfaste que l'usage abusif d'une autre substance.

Le régime juridique applicable au cannabis est donc essentiellement basé sur la prohibition. Néanmoins, il existe quelques exceptions qui permettent d'utiliser la plante et ses dérivés.

§ 2. Les singulières exceptions à la prohibition

Le cannabis et les tétrahydrocannabinols apparaissent dans le CSP au livre qui régit les produits pharmaceutiques. Le cadre légal repose sur l'article R5132-86 du CSP mettant en place une interdiction générale pour toutes les opérations concernant le cannabis. Néanmoins, ce même texte prévoit des exceptions reposant essentiellement sur l'autorisation de ces substances à des fins industrielles, commerciales et médicales.

Sur le plan industriel on parle de « chanvre industriel » ou « chanvre agricole ». Il se différencie du cannabis car il contient peu ou pas de substances psychoactives et ne peut donc pas donner lieu à des abus. Il est surtout utilisé dans l'industrie textile, alimentaire, cosmétique et automobile. Sa culture est également contrôlée pour éviter tout détournement. Le droit français prévoit que *« la culture, l'importation, l'exportation et l'utilisation industrielle et commerciale de variétés de cannabis dépourvues de propriétés stupéfiantes ou de produits contenant de telles variétés peuvent être autorisées »*[73]. Cette autorisation se fait par arrêté des ministres chargés de l'agriculture, des douanes, de l'industrie et de la santé, sur proposition du directeur général de l'ANSM. C'est l'arrêté du 22 août 1990[74] modifié qui régit la question des autorisations et établit la liste des variétés de Cannabis sativa L. pouvant être cultivées en France. Pour être inscrite dans la liste, la teneur de la plante en THC ne doit pas être supérieure à 0,20%, conformément aux exigences européennes[75]. Aujourd'hui, 22 variétés sont inscrites dans l'arrêté. De plus, seule l'exploitation des graines et des fibres du cannabis est autorisée, ainsi, l'utilisation des fleurs et des feuilles est strictement interdite. Il faut noter que le droit interne est plus restrictif que le droit européen reconnaissant la légalité de plus de soixante espèces de Cannabis sativa L. et autorisant également l'exploitation de la totalité de la plante[76].

Outre cette exception applicable au chanvre agricole, il faut noter que l'utilisation du cannabis peut être autorisée dans les produits pharmaceutiques. Cette possibilité est le résultat d'une évolution législative, ayant débuté avec l'autorisation du THC par exception à l'interdiction générale des tétrahydrocannabinols (A). Au-delà du THC, le cannabis est également composé d'une autre molécule, le cannabidiol

---

73 Article R5132-86 du Code de la santé publique.

74 Arrêté du 22 août 1990 portant application de l'article R5132-86 du code de la santé publique pour le cannabis.

75 Règlement n°1307/2013 du Parlement européen et du Conseil, 17 décembre 2013, article 32 (§ 6).

76 Règlement n° 2017/1155 de la Commission européenne, 15 février 2017, article 1 (§7).

(CBD) qui n'est pas répertorié en droit français. Il a alors un statut incertain créant des difficultés juridiques (B).

A. L'autorisation du cannabinoïde delta-9-tétrahydrocannabinol

En avril 2018, Libération titre un de ces articles « *Cannabis : La France légalise par erreur la molécule qui rend "stone"* »[77] suite à un article publié par Renaud Colson[78] dans lequel il met en lumière une subtilité juridique qui a échappé à tout le monde pendant plusieurs années.

La molécule visée est le THC, autorisée par l'article R.5132-86 du CSP. Dans sa version actuelle le texte prévoit que « *sont interdits la production, la fabrication, le transport, l'importation, l'exportation, la détention, l'offre, la cession, l'acquisition ou l'emploi* {…} *du cannabis, de sa plante et de sa résine ;* {…} *Des tétrahydrocannabinols,* *à l'exception du delta-9-tétrahydrocannabinol* {…} ». Pour rappel, parmi l'ensemble des cannabinoïdes de la plante, le THC est la substance psychoactive primaire du cannabis. Une question alors se pose : comment expliquer que ce psychotrope, classé comme stupéfiant, soit autorisé alors que l'ensemble de la législation française est tourné vers l'interdiction. Renaud Colson considère que cette exception relève, peut-être, d'une « erreur matérielle » lors d'un lifting de la législation.

En 2004, le législateur a introduit dans le CSP une dérogation à l'interdiction générale du cannabis pour pouvoir permettre la commercialisation du MARINOL, un médicament à base de THC synthétique (dronabinol). Ainsi, l'article R5132-86 du CSP prévoyait l'autorisation du *« delta-9-tétrahydrocannabinol de synthèse »*, par exception à l'interdiction

---

[77] CARREY (P.), « Cannabis : La France légalise par erreur la molécule qui rend « stone » », *Libération*, 22 avril 2018.

[78] COLSON (R.), « La légalité du delta-9-tétrahydrocannabinol à l'ère du cannabis industriel », *Recueil Dalloz 2018*, p 802.

du cannabis et des tétrahydrocannabinols dans les produits pharmaceutiques. Malgré cette dérogation, l'ANSM n'a pas délivré d'autorisation de mise sur le marché (AMM) pour ce médicament. Ainsi, son utilisation n'est qu'exceptionnelle puisqu'elle est conditionnée à l'obtention d'une autorisation temporaire d'utilisation (ATU) prévue par le code de la santé publique[79].

En 2007, l'article R5132-86 est modifié par un décret[80] qui supprime la qualification de synthèse du THC autorisé. Ainsi, l'article mentionne l'interdiction des « *tétrahydrocannabinols, à l'exception du delta 9-tétrahydrocannabinol, de leurs esters, éthers, sels ainsi que des sels des dérivés précités et de produits qui en contiennent* ». Deux autres modifications interviendront, mais l'ancienne formulation ne réapparaîtra jamais. Ainsi, depuis 2007, le THC naturel extrait de la plante est autorisé dans les produits pharmaceutiques.

Renaud COLSON considère que cette exception fragilise la prohibition de la distribution et de l'usage du cannabis récréatif. Il met l'accent sur le développement de nouveaux produits par l'industrie cannabique, tels que les gélules ou les e-liquides pour cigarettes électroniques, qui pour lui sont susceptibles de ne pas être pris en compte par la législation française car composés de THC et d'autres substances autorisées. Ce scénario paraît peu probable car l'autorisation de ce tétrahydrocannabinol s'inscrit dans la partie réglementaire du CSP au livre premier de la partie réservée aux produits de santé, intitulée « *Produits pharmaceutiques* ». De ce fait, la licéité du THC ne vaut que pour les médicaments.

Cette exception n'est donc pas une simple erreur mais plutôt un tremplin pour l'introduction de nouveaux médicaments contenant du THC. Quelques années plus tard, le

---

79 Article L5121-12 Code de la Santé Publique.

80 Décret n°2007-157 du 5 février 2007 relatif aux substances vénéneuses et modifiant le code de la santé publique.

législateur a permis une nouvelle extension du marché pharmaceutique au cannabis.

En 2013[81], l'article R5132-86 du CSP a été modifié et un nouveau paragraphe a été introduit. Il prévoit que toutes les opérations concernant la plante de cannabis, sa résine, les tétrahydrocannabinols et leurs dérivés, étant par principe proscrites, sont autorisées par dérogation quand : elles *« portent sur des spécialités pharmaceutiques »* qui *« font l'objet d'une autorisation de mise sur le marché »*. Ainsi, les produits pharmaceutiques à base de cannabis et ses dérivés cannabinoïdes peuvent faire l'objet d'une commercialisation en France sur ordonnance médicale.

Pour résumer, le marché pharmaceutique s'ouvre à partir de 2004 avec l'autorisation de la seule exploitation de THC synthétique, puis en 2007 avec l'autorisation générale du THC, qu'il soit issu de la chimie ou de la plante. Depuis 2013, l'ensemble de la plante et ses dérivés peuvent être utilisés lorsque ces opérations concernent des spécialités pharmaceutiques faisant l'objet d'une AMM. Dans cette optique, la France a octroyé pour la première fois cette autorisation au SATIVEX en 2014, un spray buccal destiné aux traitements des personnes atteintes de sclérose en plaques. Déjà commercialisé dans plusieurs pays, ce médicament est composé de THC et de CBD. Son autorisation a suscité un espoir chez les patients mais n'a malheureusement pas eu les résultats escomptés puisqu'il n'est toujours pas possible de s'en procurer aujourd'hui pour plusieurs raisons. L'explication officielle repose sur l'absence d'accord entre les autorités de santé et le laboratoire concernant le tarif. Les autorités françaises demanderaient un prix beaucoup trop bas, comparé aux prix pratiqués à l'étranger par le laboratoire. Dès lors, il est possible de penser que la problématique

---

[81] Décret n°2013-473 du 5 juin 2013 modifiant en ce qui concerne les spécialités pharmaceutiques les dispositions de l'article R.5132-86 du code de la santé publique relatives à l'interdiction d'opérations portant sur le cannabis ou ses dérivés.

tarifaire cache une autre réalité. L'absence du SATIVEX dans les pharmacies tient plutôt au fait que l'usage thérapeutique du cannabis n'est pas vraiment admis et que la plante a toujours une image nuisible. De plus, la Haute Autorité de Santé considère que le service médical rendu par ce médicament est faible, ne profitant qu'à seulement 10%-20% des patients[82].

L'explication de l'autorisation du THC réside donc, de manière plus logique, dans l'utilisation croissante du cannabis par la médecine moderne. Néanmoins, son utilisation emporte toujours une certaine défiance en France notamment en raison des risques de dépendance et des effets psychoactifs qui en découlent. Aujourd'hui, on voit apparaître un certain engouement autour d'un autre cannabinoïde, dépourvu de ces effets indésirables mais ayant des propriétés « thérapeutiques ». Il s'agit du CBD, mais cette molécule issue du cannabis pose aujourd'hui problème au regard son régime juridique.

B. Les problématiques liées au cannabidiol composant la plante

Le CBD est le deuxième cannabinoïde le plus abondant dans la plante de cannabis. Il n'est pas inscrit en France sur les listes des stupéfiants, des psychotropes ou même des substances vénéneuses. Depuis quelques années, il est très présent sur le territoire français à travers la multiplication des produits qui en contiennent et des boutiques le commercialisant. Son exploitation est basée sur ses supposées vertus thérapeutiques, même si aujourd'hui son mode d'action n'est pas encore parfaitement connu comme le souligne Nicolas Authier[83]. Selon les études menées, le CBD agit sur le cer-

---

82 Avis de la Commission de la Transparence du 22 octobre 2014 portant sur le SATIVEX, Haute Autorité de Santé.

83 Médecin psychiatre, Professeur à l'Université Clermont-Auvergne.

veau notamment dans les systèmes impliqués dans la transmission de la douleur et permet de contribuer à sa réduction. Il active également certains récepteurs comme ceux de la sérotonine impliquée dans l'anxiété et l'humeur. Le CBD crée un état d'esprit « positif » et exerce également des effets antidépresseurs rapides et maintenus. Présenté comme du « cannabis légal », les industriels ont profité des dérogations prévues pour le chanvre agricole pour faire fleurir ce nouveau business.

Agnès BUZYN, ministre de la Santé, considère qu'il y a une « zone grise du droit » autour de cette molécule et que la « législation sur les 0,2% peut être un peu floue »[84]. Un point sur la réglementation du CBD a été fait à l'été 2018 par la MILDECA[85] et par une circulaire du Ministère de la Justice[86]. Il est rappelé qu'étant un cannabinoïde, la législation relative au cannabis industriel s'applique. Pour être licite, les produits doivent être composés de CBD issu de la seule transformation des graines et fibres des variétés énumérées par le décret de 1990. Tout produit contenant du CBD extrait des autres parties de la plante est donc interdit. De plus, la MILDECA précise que les produits ne doivent contenir aucune trace de THC. Ainsi, le taux de 0,20% de THC autorisé correspond au seuil de présence du THC dans la plante et non dans le produit fini. Or, les contrôles exercés sur certains produits commercialisés, contenant du CBD, ont révélé parfois la présence de THC.

En pratique, ces conditions sont impossibles à réunir et le gouvernement en est conscient. La circulaire mentionne que *« le cannabidiol se trouve principalement dans les feuilles et dans*

---

[84] RTL, Le Grand Jury d'Agnès Buzyn, SPORTOUCH Benjamin, 17 juin 2018.

[85] Mission interministérielle de lutte contre les drogues et les conduites addictives, 11 juin 2018.

[86] Ministère de la Justice, dépêche de la direction des affaires criminelles et des grâces relative au régime juridique applicable aux établissements proposant à la vente au public des produits issus du cannabis (coffee shop), 23 juillet 2018.

les fleurs de la plante, et non dans les fibres et graines. Par conséquent, en l'état de la législation applicable, l'extraction du cannabidiol dans des conditions conformes au code de la santé publique ne paraît pas possible »[87]. Le gouvernement condamne donc de manière implicite la commercialisation du CBD. Il faut néanmoins préciser que ladite circulaire mentionne que si le CBD a été obtenu par un procédé de synthèse chimique, la réglementation ne s'applique pas, puisque la molécule n'est pas classée comme un stupéfiant. Il faut donc comprendre que le CBD de synthèse est autorisé mais pas le CBD extrait directement de la plante.

L'affaire Kanavape[88], société commercialisant des vapoteuses au CBD, est un parfait exemple ici. Les produits qu'elle propose ne contiennent pas de THC et le CBD est extrait des variétés autorisées. Pourtant, le cannabinoïde est obtenu grâce à l'ensemble de la plante et c'est ce qui pose problème aux juridictions françaises. En première instance, les fondateurs de la société ont été condamnés à des peines d'emprisonnement avec sursis notamment pour infraction à la législation sur les substances vénéneuses. La Cour d'appel, quant à elle, a choisi une toute autre voie. Elle rappelle que le chanvre est soumis au marché commun agricole et que l'arrêté du 22 août 1990 met en place un régime plus restrictif que le droit européen. Elle mentionne que ces restrictions sont licites dès lors qu'elles sont justifiées par un intérêt légitime et proportionné. En l'espèce, l'interdiction du CBD est justifiée par l'État comme nécessaire pour la sauvegarde de la santé publique. Néanmoins, les juges ne sont pas convaincus par cette explication car ils considèrent que cet objectif est pris en compte par le droit européen qui restreint déjà l'utilisation du chanvre aux variétés contenant moins de

---

87 Ministère de la Justice, dépêche de la direction des affaires criminelles et des grâces relative au régime juridique applicable aux établissements proposant à la vente au public des produits issus du cannabis (coffee shop), 23 juillet 2018.

88 Cour d'appel Aix-en-Provence, 23 octobre 2018, n° 18/00250.

0,2% de THC. En ce qui concerne le respect du principe de proportionnalité, la Cour d'appel l'écarte également en estimant que comme le CBD de synthèse est autorisé, l'interdiction du CBD naturel devrait l'être également puisque c'est la même molécule.

La Cour d'appel considère qu'en ajoutant une condition supplémentaire, à savoir que le CBD ne peut être produit qu'à partir des graines et des fibres de la plante, le décret de 1990 n'est pas conventionnel. La Cour d'appel analyse cette condition comme une limite à la libre circulation des marchandises et c'est pourquoi elle saisit la Cour de justice de l'Union Européenne d'une question préjudicielle. Cette dernière n'a pas encore rendu sa décision, mais la portée du verdict français est importante car il s'agit de la première victoire d'un commerçant de CBD dans un contexte de répression systématique en France. Cette politique s'inscrit dans la logique prohibitionniste française, mais les directives ministérielles concernant le CBD contrastent avec le souhait de la ministre de la Santé de développer le cannabis thérapeutique.

En conclusion, nous pouvons penser que le cannabis fait l'objet d'une prohibition affirmée. En droit international ou en droit interne, la plante et ses principes actifs sont inscrits parmi les drogues les plus dangereuses. Il faut retenir que la communauté internationale a largement influencé l'ensemble des politiques étatiques par le biais de ses traités. Le régime mis en place est clair : toutes les activités relatives au cannabis doivent être interdites et relever du droit pénal, à deux exceptions près. D'une part l'incrimination des consommateurs n'est pas prévue et d'autre part, la plante ne doit être utilisée que dans un cadre médical ou scientifique.

La France, élève assidue, a ratifié les trois conventions internationales en vigueur[89]. Le régime est donc calqué sur

---

[89] Convention unique sur les stupéfiants, 30 mars 1961.

celui mis en place à l'international. Poussant la prohibition à son paroxysme, la loi incrimine également la consommation de drogue. Passible d'une peine d'emprisonnement, cette infraction rend le dispositif français extrêmement sévère vis-à-vis des usagers, même si une alternative thérapeutique est prévue.

Pendant longtemps, l'utilisation médicale du cannabis et des tétrahydrocannabinols a été interdite, considérée comme dépourvue d'effet thérapeutique. Mais après plusieurs évolutions, le cannabis et ses dérivés peuvent être utilisés dans des produits pharmaceutiques depuis 2013 lorsqu'ils bénéficient d'une AMM.

De manière générale, même si certaines activités sont licites par exception, elles sont soumises à de nombreuses conditions et font l'objet d'un contrôle rigoureux. Certains chercheurs expatriés estiment que cet encadrement strict est un frein en France pour le développement des recherches scientifiques. C'est pour cette raison que la plupart des études menées sur le sujet sont faites à l'étranger.

Outre cette dimension savante, l'impact de la politique prohibitionniste en matière de stupéfiant paraît peu efficace. Considérée comme la politique la plus répressive d'Europe occidentale, cette dernière n'a pas eu les résultats escomptés

---

Convention sur les substances psychotropes, 21 février 1971.

Convention de Vienne contre le trafic illicite de stupéfiants et psychotropes, 20 décembre 1988.

Chapitre 2. Une prohibition inadaptée en fait

La politique prohibitionniste la plus célèbre est celle menée contre l'alcool aux États-Unis à partir de 1919. Son retentissement médiatique est dû à son échec et à ses conséquences sur la société américaine. Rapidement, l'inefficacité de cette législation a été reconnue : la criminalité organisée a augmenté car le marché est apparu comme lucratif dès lors qu'il était interdit ; la corruption s'est développée au sein de la classe politique et des institutions judiciaires. Surtout, la consommation de l'alcool n'a pas diminué. Apparue comme le fruit défendu, son usage s'est amplifié mais étant illégal les profits ne bénéficiaient pas à l'État. Ce n'est que dans les années 1930, avec la grande dépression et le chômage, que la ligne politique a changé. Légaliser l'alcool apparaît alors comme la solution pour d'une part remplir les caisses de l'État en imposant des taxes, et d'autre part, créer des emplois en autorisant sa production. En partant de ce constat, il est peut-être possible de faire un parallèle avec les résultats de la politique prohibitionniste française en matière de cannabis.

Cinquante ans après la loi de 1970, nous disposons du recul nécessaire pour évaluer l'efficacité d'une telle législation. En août 2017, des membres de la Commission globale sur la politique des drogues[90], organisme publiant des rapports sur l'impact des politiques menées en matière de drogue, ont publié une tribune dans Le Monde où ils esti-

[90] Global Commission on Drug Policy, créée en 2011.

ment que la lutte contre la drogue en France constitue un *« échec difficile à contester »*[91] (Section 1).

La législation française repose sur l'objectif sanitaire suivant : la protection de la société contre le « fléau » que représente la consommation de cannabis. Cependant, des évolutions scientifiques ont eu lieu remettant en cause le principe de la prohibition au regard de dangerosité réelle du cannabis (section 2) et entraînant, parallèlement, une évolution de la perception du cannabis dans nos sociétés modernes (section 3).

Section 1. L'échec de la politique française anti-drogue

La prohibition des stupéfiants repose sur une même logique, qu'elle soit pensée à l'échelle internationale ou nationale. Le but est de poursuivre les trafiquants et de réduire la production de cannabis afin d'avoir un impact significatif sur la consommation. L'interdiction de l'usage s'inscrit également dans l'affaiblissement des activités du marché noir, avec l'espoir que les consommateurs soient moins nombreux. En fait, la France veut agir sur l'ensemble de la chaîne, du trafiquant au consommateur, pour éradiquer la substance de la société. Néanmoins, la répression instaurée depuis la loi de 1970 n'a pas permis de faire disparaître le cannabis, bien au contraire.

L'échec de la politique française ne fait aujourd'hui plus de doute. En effet, l'état des lieux de la situation ne permet que de conclure par la négative (§ 1). De plus, la réalité de la lutte contre le cannabis est toute autre que celle mise en place et espérée par les politiques (§ 2).

---

[91] DREIFUSS (R.), CARDOSO (F.), KWASNIEWSKI (A.), KAZATCHKINE (M.), *«* La lutte contre la drogue en France : « Le résultat est un échec difficile à contester » », *Le Monde*, 26 aout 2017.

§ 1. Un état des lieux négatif

Quand on parle d'état des lieux du cannabis en France, il convient d'étudier plusieurs éléments.

Dans un premier temps, il faut nécessairement s'intéresser aux estimations relatives à sa consommation en France. Dans cette optique, le pays est souvent présenté comme le plus gros consommateur d'Europe, avec des chiffres avoisinants ceux des pays outre-Atlantique (A). Il paraît ici intéressant de mentionner que tout ce qui facilite son usage se trouve dans les commerces français. Très loin de la politique de réduction des risques qui autorise notamment la vente libre des seringues pour les usagers de drogues injectables, ces produits permettent une consommation variée de la plante. Outre le « traditionnel joint », les consommateurs peuvent acheter des « grinders », « bangs », « pipes à eau », ou encore « vaporisateurs ». Si ces produits sont vendus en toute légalité dans les tabacs ou les commerces spécialisés, c'est avant tout parce qu'ils sont présentés comme destinés au tabac. Néanmoins, il est de mise de ne pas être dupe. Tout le monde sait, et *a fortiori* les services de police, que ces petits matériels sont détournés de leur usage initial et servent à la consommation de cannabis.

Dans un second temps, comme souvent rappelé au cours de ce mémoire, pour consommer il faut inévitablement détenir et s'approvisionner. Ainsi, si les chiffres de la consommation sont élevés, il est possible de faire un constat similaire en ce qui concerne le trafic de stupéfiant et de cannabis (B).

A. La France plus gros consommateur de cannabis en Europe

Les français sont considérés comme « champion d'Europe » en ce qui concerne la consommation de cannabis, malgré la législation prohibitionniste. Cette constatation ressort du rapport[92] de l'Observatoire européen des drogues et des toxicomanies (OEDT)[93] qui collecte les statistiques des États de l'UE sur les questions de drogue. A l'échelle européenne, le cannabis est la drogue illicite la plus consommée. A titre d'exemple, sur les 96 millions d'adultes européens (âgés de 15 à 64 ans) qui auraient déjà consommé des drogues au cours de leur vie, environ 91,2 millions ont touché au cannabis. Parmi eux, 17,5 millions de jeunes âgés de 15 à 34 ans en ont consommé au cours de l'année[94].

Des comparaisons sont faites au sein du rapport pour illustrer les différences entre les pays membres en ce qui concerne l'usage de cannabis. Mentionnant le plus souvent le pays le plus consommateur et le moins consommateur, la France se situe toujours en tête de liste. Ainsi en 2018, 41% de la population aurait consommé du cannabis au cours de sa vie, contre par exemple 5% à Malte, ou encore 27% en Allemagne[95]. De la même manière, 21,8% des jeunes de 15 à 34 ans de nationalité française en aurait consommé dans l'année écoulée, contre 13% en Allemagne, ou encore 3,5% en Hongrie[96]. Il faut cependant noter que les données utilisées ne datent pas toutes de 2018. En effet, le rapport de l'OEDT utilise les statistiques nationales fournies par ses

---

92 OEDT, *Rapport européen sur les drogues : tendances et évolutions*, 6 juin 2019.

93 En anglais « European Monitoring Centre for Drugs and Drug Addiction » (EMCDDA), créé en 1993

94 OEDT, *Rapport européen sur les drogues : tendances et évolutions*, 6 juin 2019, p 15.

95 OEDT, *Rapport européen sur les drogues*, 7 juin 2018, p 87.

96 OEDT, *Rapport européen sur les drogues : tendances et évolutions*, 6 juin 2019, p 44-45.

relais nationaux, qui ne sont pas effectuées sur les mêmes périodes.

En France, c'est l'Observatoire français des drogues et des toxicomanies (OFDT) qui assure ce relais. L'organisme publie des rapports sur l'ensemble du phénomène des drogues licites et illicites, et des addictions. L'OFDT a publié son dernier rapport en avril 2019[97]. En ce qui concerne la consommation de cannabis en France, plusieurs comportements sont appréhendés. Le premier niveau d'usage est nommé l'« expérimentation » et désigne les personnes qui ont déjà consommé au moins une fois du cannabis au cours de leur vie. Le second est l'« usage mois » qui correspond à au moins une consommation au cours des 30 jours précédant l'enquête. Enfin, le dernier niveau est l'« usage régulier » qui correspond à 10 prises ou plus de cannabis au cours des 30 derniers jours.

Concernant la consommation chez les jeunes, les premières expérimentations se situent en classe de troisième avec 24% des élèves qui auraient déjà touché une fois à ce stupéfiant. Ce chiffre augmente de manière constante au fil des années d'études, pour atteindre 54% en terminale. Par ailleurs, 12% des élèves de troisième en consommeraient une à dix fois dans le mois et en terminale, ce chiffre atteindrait les 25%. Ainsi, en classe de terminale plus de la moitié des élèves ont déjà consommé au moins une fois du cannabis et parmi eux, la moitié en consomme au moins une fois par mois. L'âge moyen de la première consommation de cannabis se situerait aux alentours de 15ans.

Ces chiffres sont élevés, mais ils peuvent être relativisés. En effet, les statistiques relatives à l'évolution du niveau d'usage du cannabis entre les années 2000 et 2017 chez les jeunes de 17ans, démontrent que le niveau de consommation

---

[97] OFDT, *Drogues et addictions : données essentielles*, 7ème édition, 18 avril 2019, p 28-32.

baisse globalement. Les prévalences d'usage mesurées en 2017 sont les plus basses jamais observées depuis 2000. En 2017, 39% de ces jeunes ont expérimenté le cannabis, contre 50% dans les années 2000. Concernant l'usage mois et l'usage régulier, les chiffres sont également à la baisse. Par exemple, 7% de ces mêmes jeunes consomment au moins 10 fois du cannabis par mois en 2017, contre 12% en 2003.

Concernant les enquêtes menées chez les adultes, c'est-à-dire de 18 à 64 ans, on constate une hausse des pourcentages d'expérimentations : 44,8% auraient consommé au moins une fois du cannabis au cours de leur vie et 3,6% de ces derniers en feraient un usage régulier. Dans les années 2000, le chiffre variait entre 24% et 33%. Cependant, ces chiffres sont à mettre en parallèle avec le vieillissement des générations fortement expérimentatrices des années 2000 et qui sont aujourd'hui adultes. Il y a donc nécessairement un impact sur les pourcentages observés au niveau de cette catégorie de personne.

La consommation de cannabis, que ce soit de l'herbe ou de la résine, est donc très élevée en France, malgré le fait que notre pays possède l'une des législations les plus sévères. Si ces chiffres sont aussi hauts, c'est probablement lié à la facilité de se procurer ce genre de substance malgré l'illicéité. Il est donc possible de considérer que la prohibition n'a pas permis d'endiguer le trafic illicite, qui lui aussi a connu une ascension fulgurante dans les dernières décennies.

B. L'augmentation du trafic illicite

Les marchés de stupéfiants sont nombreux et font l'objet d'estimations. Les chiffres sont néanmoins difficiles à obtenir, et à interpréter, en raison de la nature même de ces activités. L'OEDT, dans son rapport de 2018[98], estime le

---

98 OEDT, *Rapport européen sur les drogues : tendances et évolutions*, 7 juin 2018, p 19-23.

marché des drogues illicites dans l'UE à 24 milliards d'euros en 2013. Le cannabis représenterait la majeure partie du trafic, soit 38%.

Pour appréhender ces phénomènes, le meilleur indicateur reste cependant les saisies, effectuées par les services répressifs des États. En 2017, plus d'1 million de saisies ont été enregistrées dans l'UE et le cannabis représente encore une fois le plus gros marché : il concerne 70% des saisies[99]. La France fait partie des trois pays qui déclarent le plus grand nombre de saisies, au côté de l'Espagne et du Royaume-Uni. De manière générale, le trafic illicite s'accroît en France. On peut le noter au travers du nombre de saisies enregistrées dans le pays. Celles relatives à l'herbe de cannabis sont en constante augmentation depuis les années 2007 où il était recensé 3 tonnes d'herbe saisies, contre 20 tonnes dix ans plus tard. La quantité a même doublé en trois ans, puisqu'en 2014 il était recensé un peu plus de 10 tonnes. Concernant la résine de cannabis, les chiffres sont assez variables. En 2007, 34 tonnes de résine ont été saisies et en 2017 ce chiffre atteint les 67 tonnes. Cependant, au cours de la décennie il y a eu des pics autour de 71 tonnes, et des chutes où on enregistrait « seulement » 37 tonnes.

Au regard de ces chiffres, nous noterons la tendance haussière du trafic sachant que les saisies n'ont jamais été aussi élevées depuis 2014. De plus, il y a une prévalence de la résine par rapport à l'herbe[100] même si cette dernière semble de plus en plus présente sur le territoire. Alors que dans les années 2000 les quantités de résine saisies représentaient plus de 90% de l'ensemble des saisies, ce chiffre baisse depuis 2010 pour atteindre les 75% en 2017.

99 OEDT, *Rapport européen sur les drogues*, 6 juin 2019, p 22-23.

100 OFDT, *Drogues et addictions ; données essentielles,* 7ème édition, 18 avril 2019, p 67-68.

De manière logique, la forte consommation de drogue est nécessairement accompagnée d'un marché conséquent des drogues illicites qui ne cesse de s'accroître. En France, le chiffre d'affaire du trafic est estimé entre 2,3 et 2,7 milliards d'euros pour l'ensemble des drogues où le cannabis représenterait 1,1 milliard d'euros[101]. Le trafic de stupéfiant est même intégré par l'Institut national de la statistique et des études économiques (INSEE) dans les comptes nationaux depuis 2018. Il représente un peu plus de 0,1 point du PIB. Ainsi, l'enracinement des trafics illicites de cannabis est réel au plan national. Ils reposent sur une organisation parfaitement structurée. De manière schématique, un réseau de distribution serait composé de quatre strates[102], allant de la tête de réseau au revendeur final auprès duquel les consommateurs s'approvisionnent. D'ailleurs, l'OFDT a mené une enquête en 2012 sur les prix de détail des principales substances psychoactives, c'est-à-dire le prix que payent les consommateurs pour ce genre de produits. Dans une note de septembre 2013[103], le tarif moyen est évalué à 9,6€ pour un gramme d'herbe de cannabis et 7,1€ pour un gramme de résine de cannabis.

Le cannabis apparaît donc comme la drogue la plus présente sur le marché, ce qui n'est pas étonnant puisque l'offre correspond nécessairement à la demande et qu'il est le stupéfiant le plus consommé dans le pays. De plus, le marché est affecté par la place stratégique qu'occupe la France au sein de l'Europe. Géographiquement, le pays constitue une zone de transit pour l'ensemble des substances illicites destinées aux autres pays européens. En ce qui concerne le cannabis,

---

101 MILDECA, INHESJ, *Rapport synthétique sur l'argent de la drogue en France : estimation des marchés des drogues illicites en France*, 2016.

102 LAKHDAR (C.), OFDT, *Le trafic de cannabis de cannabis en France, estimation des gains des dealers afin d'apprécier le potentiel de blanchiment*, novembre 2007.

103 GANDILHON (M.), CADET-TAÏROU (A.), SAÏD (S.), OFDT, *Baromètre Prix, Les prix de détail et la disponibilité des principales substances psychoactives circulant en France en 2012*, septembre 2013.

et particulièrement sa résine, elle est essentiellement importée du Maghreb. Elle arrive sur le continent par le biais de l'Espagne et traverse alors le territoire français pour alimenter des pays tels que les Pays-Bas ou la Belgique. Enfin, il faut également avoir à l'idée que l'industrie des drogues se développe sur le territoire Européen et en France. L'essentiel de l'herbe de cannabis est cultivée sur ces territoires, et dans une moindre mesure, la résine de cannabis y est produite aussi.

Il faut garder à l'esprit que ces activités étant illicites, la plupart des estimations sur la rentabilité du trafic sont certainement sous-évaluées. A l'analyse des chiffres relatifs à la consommation, au nombre de saisies, ou encore les estimations relatives aux gains dégagés par cette économie, nous pouvons affirmer que la politique prohibitionniste n'a pas vraiment les résultats escomptés. Bien entendu, il faut également appréhender cet échec à la lumière d'autres indicateurs. En effet, bien loin de l'utopie d'une répression pénale systématique et exemplaire, la réalité de la lutte contre le cannabis est toute autre.

§ 2. L'inapplication de la loi pénale pour les consommateurs de cannabis

Depuis cinquante ans, la législation a eu le temps d'être étudiée et disséquée à la fois sur le plan de son interprétation et de son application. Les politiques mises en place par les différents gouvernements n'ont pas toujours été dans le même sens. Néanmoins, ils s'accordent tous sur une chose : la peine d'un an d'emprisonnement pour les usagers est disproportionnée.

Le premier rapport évaluant la législation française a été réalisé à l'initiative du Président de la République Valéry Giscard d'Estaing. Il confie cette mission à une magistrate, Monique Pelletier, qui va mener son enquête pendant deux ans auprès d'un panel d'experts des questions de drogues. Ce travail aboutit à la publication d'un rapport en 1978[104]. Il ressort alors que la drogue n'est pas un problème de santé publique, ni de sécurité, à contrario de ce qui était présenté lors de l'adoption de la loi de 1970. L'usage de drogue est alors considéré comme une question de société. Il est établi que les jeunes consomment ces substances afin de remettre en question les standards sociaux et les valeurs traditionnelles. Dès lors, ces usagers ne sont ni délinquants, ni malades, mais « déviants » et contestataires de l'ordre établi. Anne Coppel[105] considère qu'après ce bilan, la législation aurait déjà dû être modifiée. Même si cette possibilité a été envisagée, cela n'a pas été le cas, pour ne pas ébranler l'opinion publique favorable à l'incrimination de l'usage de drogue.

Le rapport est alors accompagné d'une première circulaire[106] qui préconise un compromis entre le maintien de la loi et la mise en place de certains aménagements. Suivant cette ligne directrice, plusieurs circulaires sont adressées aux juridictions et recommandent un traitement plus doux que celui prévu par la loi pour les consommateurs de cannabis, et *a fortiori* pour les usagers de drogue (A). Dès lors, il convient de s'intéresser à leur application dans la pratique et à la réalité de la réponse pénale (B).

---

104 PELLETIER (M.), *Rapport de la mission d'étude sur l'ensemble des problèmes de drogues*, La Documentation française, 1978.

105 COPPEL (A.), DOUBRE (O.), *Drogues : sortir de l'impasse, Expérimenter des alternatives à la prohibition*, La découverte, 2012.

106 Circulaire n°69F389 du 17 mai 1978 relative à l'usage de stupéfiants, dite « *circulaire Pelletier* ».

A. La publication de circulaires allégeant la répression de l'usage

Il convient de reprendre chronologiquement l'ensemble des textes qui ont abouti à un allégement de la répression de l'usage de cannabis. La circulaire de 1978[107] recommande de ne pas prononcer de peine d'emprisonnement à leur encontre, ni de mesures d'injonctions thérapeutiques[108]. Les procureurs sont invités à ne faire qu'une mise en garde aux consommateurs de *« haschich »*, même en cas de récidive, sauf s'ils estiment que les poursuites pénales sont *« absolument indispensables »*. Dès lors, on peut donc considérer que le gouvernement enjoint aux juridictions de ne pas appliquer la loi de 1970, huit ans après sa promulgation.

En 1987[109], cette mesure est reprise dans une nouvelle circulaire qui fait pour la première fois une distinction entre les *« usagers occasionnels »* et *« les usagers d'habitude »*, quelles que soient les drogues consommées, auxquels il faut appliquer un régime différencié. En effet, le premier peut faire l'objet d'un simple avertissement par le procureur, tandis que l'usager considéré comme dépendant doit être soumis à une injonction thérapeutique. Dans cette même optique, la « circulaire Perben »[110] de 2005 demande une réponse pénale systématique pour les consommateurs avec une graduation de cette dernière en fonction de leur type de consommation. Le rappel à la loi est préconisé pour les consommateurs occasionnels, assorti d'une orientation vers une structure sanitaire ou sociale pour les personnes dépendantes.

---

[107] Circulaire n°69F389 du 17 mai 1978 relative à l'usage de stupéfiants, dite « *circulaire Pelletier* ».

[108] Chapitre 1, Section 1, Paragraphe 1, B « *La possibilité d'une réponse médiale à travers l'injonction thérapeutique* »

[109] Circulaire CAB n° 87-01 du 12 mai 1987 relative à l'application de la législation sur les stupéfiants, dite « *circulaire Chalandon* ».

[110] Circulaire DACG n°2005-08 G4 du 8 avril 2005 relative à la lutte contre la toxicomanie et les dépendances, dite *« circulaire Perben »*.

Aujourd'hui, la principale circulaire sur ces questions date de 2012[111], produite pendant la politique de « tolérance zéro » de Nicolas Sarkozy et de son Premier Ministre. La chancellerie prône la nécessité de redéfinir une politique pénale adaptée à la délinquance de masse que représente l'usage de stupéfiant : la réponse pénale doit être systématique mais proportionnée au profil de chacun. De manière surprenante, le rappel à la loi y est exclu alors que jusqu'à maintenant il était largement plébiscité. L'explication se trouve dans le fait que la mesure apparaît peu efficace et qu'elle ne favorise pas *« la prise de conscience de la prohibition légale de l'usage »*[112].

Le texte fait également une distinction entre les différents usagers. Le premier est l'usager *« non toxico dépendant »*, défini comme une personne *« qui ne paraît pas présenter de problèmes de santé ou d'insertion sociale majeurs, et qui détient pour sa consommation personnelle une faible quantité de substances illicites notamment de cannabis »*[113]. Pour ces consommateurs, il est préconisé le recours au stage de sensibilisation aux dangers de l'usage de produits stupéfiants, mis en place en 2007[114]. Les poursuites devant le tribunal correctionnel doivent alors être réservées soit, aux cas où le stage ne paraît pas une sanction opportune, soit pour les consommateurs récidivistes, soit pour ceux qui refusent de se soumettre aux mesures d'injonction thérapeutique, ou dans les hypothèses d'un usage aggravé (personne dépositaire de l'autorité publique ou encore chargée d'une mission de service public). Dans ce contexte, il est recommandé de mettre en œuvre les

---

111 Circulaire CRIM n° 2012-6/G4 du 16 février 2012 relative à l'amélioration du traitement judiciaire de l'usage de stupéfiants.

112 Circulaire CRIM n° 2012-6/G4 du 16 février 2012 relative à l'amélioration du traitement judiciaire de l'usage de stupéfiants.

113 Circulaire CRIM n° 2012-6/G4 du 16 février 2012 relative à l'amélioration du traitement judiciaire de l'usage de stupéfiants.

114 Loi n° 2007-297 du 5 mars 2007 relative à la prévention de la délinquance.

procédures simplifiées de poursuites, comme par exemple l'ordonnance pénale[115] ou la comparution sur reconnaissance préalable de culpabilité[116]. Dans tous les cas, il est mentionné que les réquisitions tendant au prononcé d'une amende doivent être privilégiées. Concernant les *« usagers toxico dépendant »*, le Ministère demande que l'injonction thérapeutique soit prononcée de manière plus systématique.

Pour résumer, il est évident que l'application de la loi n'est pas encouragée au travers de ces circulaires. En effet, les cadres de procédure privilégiés pour le traitement pénal des usagers sont les mesures alternatives aux poursuites, ou le cas échéant, des procédures simplifiées devant les juridictions pénales. De surcroît, la peine d'emprisonnement prévue par le CSP est largement mise de côté au profit du paiement d'amende. Cependant, malgré l'ensemble de ces recommandations, le choix appartient au procureur qui bénéficie du pouvoir de l'opportunité des poursuites. Trois choix s'offrent alors à lui quand les services de police interpellent une personne pour usage de stupéfiants : soit il décide de ne pas poursuivre en classant l'affaire sans suite, soit il décide de poursuivre devant le tribunal correctionnel ou il propose une alternative aux poursuites. Il convient alors de s'intéresser à la réalité de la réponse pénale pour savoir si les directives du Ministère de la Justice tendant à un « adoucissement » sont appliquées.

---

[115] Article 495 du Code de procédure pénale.

[116] Article 495-7 et suivants du Code de procédure pénale.

B. La réalité de la réponse pénale dans la lutte contre les stupéfiants

Les derniers chiffres datent de 2017[117], année pendant laquelle les parquets des tribunaux de grande instance ont traité plus de 167 000 affaires liées aux stupéfiants. Pour avoir un ordre d'idée sur le contentieux de masse que représente les infractions à la législation des stupéfiants, il faut préciser que plus de 122 000 personnes étaient poursuivies pour usage et presque 45 000 pour trafic. La majorité du contentieux se concentre donc sur la répression des simples consommateurs.

L'objectif d'une réponse pénale systématique pour les usagers de drogues est bien appliquée pour l'ensemble du contentieux car près de 117 000 auteurs ont fait l'objet d'une réponse pénale. Parmi eux, environ 63 500 personnes ont bénéficié d'une peine alternative aux poursuites. *A contrario*, 53 500 personnes ont fait l'objet d'une procédure devant les tribunaux correctionnels ou de police. Malgré le souhait du Ministère, l'OFDT[118] considère que le rappel à la loi est encore prononcé à l'encontre de 74% des usagers de stupéfiants. La composition pénale, au cours de laquelle peut être prononcée l'obligation de participer à un stage de sensibilisation, concerne 13% des personnes bénéficiant d'une alternative aux poursuites. Pour les auteurs poursuivis devant les juridictions pénales, la plupart des affaires se sont soldées par une condamnation au paiement d'amende. Néanmoins, plus de 5 000 personnes ont été condamnées à des peines d'emprisonnement (ferme et sursis confondus) dont la durée moyenne est évaluée à 3 mois.

Il ne faut pas oublier l'injonction thérapeutique, qui peut être également une alternative aux poursuites. Présentée au

---

117 Ministère de la Justice, Références Statistiques Justice année 2017, *Le traitement judiciaire dans différents contentieux*, décembre 2018, p 69.

118 OFDT, *Drogues et addictions : données essentielles*, 7ème édition, 18 avril 2019, p 106.

départ comme une mesure sanitaire, qui devait permettre une réponse adéquate pour les usagers de drogue, nous ne pouvons que constater son échec. En effet, elle ne concerne que 2% des personnes. Sachant que de nombreuses circulaires l'ont écartée pour les consommateurs de cannabis, la plupart des mesures prononcées ne concernent donc pas ces derniers.

Il est regrettable que ces chiffres englobent l'ensemble des drogues et qu'aucune statistique ne soit spécialement dédiée au cannabis. Néanmoins, ces tendances s'appliquent essentiellement à ces consommateurs puisque ce sont les plus nombreux.

Au vu de l'ensemble des chiffres, plusieurs constats peuvent être dressés. Tout d'abord, les alternatives aux poursuites et le paiement d'amende étant les mesures les plus largement plébiscitées, la peine d'emprisonnement prévue par le CSP n'est que rarement appliquée. Le rappel à la loi, quant à lui, apparaît comme la réponse la plus appliquée pour les primo délinquants, mais également pour certains récidivistes. L'efficacité d'une telle mesure peut être mise en doute, notamment quand elle est réalisée par un officier de police judiciaire.

Il existe donc aujourd'hui un réel décalage entre l'arsenal théoriquement très répressif et la réalité de la réponse pénale, permettant de conclure à l'inapplication de la loi. Cela laisse penser que la consommation de drogue n'est au final pas si grave. Pourtant, le contentieux relatif à l'usage est bien plus important que celui du trafic, ce qui est plutôt critiquable. En effet, une personne qui consomme du cannabis est certes plus facile à appréhender qu'un trafiquant, mais elle n'est pas potentiellement dangereuse, à part pour elle-même[119]. Il est

---

119 La conduite sous empire de stupéfiant n'est pas prise en compte, ce contentieux est répertorié au sein des « Infraction de la route », et non pas dans les « infractions à la législation des stupéfiants ».

alors plutôt décevant que l'activité judiciaire se concentre plus sur ces infractions, que sur les activités de trafic. Enfin, alors que la lenteur et l'encombrement des tribunaux sont sans cesse décriés, il est peut-être temps de retirer une partie de ce contentieux du sillon judiciaire. C'est d'ailleurs dans cette optique que la loi de programmation 2018-2022 a œuvré. Cependant, cette dernière limite l'intervention du juge renforçant ainsi l'efficacité de la répression[120].

Section 2. La surévaluation de la dangerosité du cannabis

La prohibition du cannabis repose sur l'idée que cette substance est dangereuse et qu'il faut l'interdire pour protéger la société, la santé publique. Pourtant aujourd'hui cet objectif ne semble pas atteint puisque les consommateurs sont de plus en plus nombreux depuis la mise en œuvre de la prohibition. Le cannabis semble avoir une « bonne image » auprès de la population, malgré la diabolisation opérée par ses détracteurs. Cela s'explique notamment par de nombreux travaux ayant permis de mettre en lumière que la dangerosité du cannabis a été parfois surévaluée.

La dangerosité du cannabis s'appréhende à travers ses effets sur les consommateurs. De nombreuses études ont été réalisées pour mettre en lumière les conséquences de son usage. Dans cette optique, l'OMS a rendu public un rapport en 2016[121]. L'objectif était de réaliser une synthèse des connaissances scientifiques disponibles sur le cannabis à usage non médical et de ses effets sur la santé physique mais également psychologique des individus. Ce travail permet de mettre en lumière sa dangerosité, c'est-à-dire les risques auxquels s'exposent les consommateurs (§ 1). Néanmoins, il

---

120 PERRIER (JB.), « Les (r)évolutions de la procédure pénale », *Recueil Dalloz*, n°19, 23 mai 2019, p 1061-1068.

121 OMS, *« The Health and social effects of nonmedical cannabis use »*, 29 février 2016.

faut relativiser cette approche alarmiste. En effet, l'usage de certaines drogues licites apparaît aujourd'hui plus nocif (§ 2).

§ 1. La réalité de la dangerosité

A titre préliminaire, il paraît nécessaire d'aborder les processus par lesquels le cannabis agit sur les individus. La neurobiologie a mis en lumière ses effets à l'égard du système endocannabinoïde, ensemble de récepteurs cellulaires et de molécules situés dans le corps, permettant de conserver un fonctionnement normal de l'organisme. Les récepteurs sont appelés « récepteurs cannabinoïdes ». Ils sont de deux types : CB1 et CB2.

De manière schématique, ces derniers reçoivent des signaux chimiques qui entraînent une réponse cellulaire. Ils répondent à trois types de signaux : les endocannabinoïdes produits par le corps humain, les phytocannabinoïdes produits par les plantes et les cannabinoïdes synthétiques. Les cannabinoïdes présents dans la plante de cannabis (THC, CBD…) vont donc se fixer sur ces récepteurs et moduler leurs fonctionnements.

Pour comprendre l'impact du cannabis et de ses effets, il faut également savoir que les récepteurs CB1 sont essentiellement présents dans les régions du cerveau impliquées dans la mémoire (hippocampe), les émotions (amygdales), la connaissance et la conscience (le cortex central), la fonction motrice (cervelet). On les retrouve également dans d'autres organes et tissus, comme par exemple au niveau des muscles, des poumons, ou encore du cœur. Les récepteurs CB2 se trouvent quant à eux essentiellement dans le système immunitaire et dans les membranes du système immunitaire, mais aussi dans les os, la rate, les amygdales et la thyroïde. Parfois, quand le corps ne produit pas assez d'endocannabinoïdes, la prise de cannabis va permettre de réactiver l'ensemble de ces récepteurs et avoir un effet bénéfique sur la personne.

L'analyse qui suit est essentiellement basée sur le rapport de l'OMS, *« The Health and social effects of nonmedical cannabis use »*[122], donnant une vue d'ensemble des études menées sur les effets néfastes de la consommation de cannabis. Il convient alors de les étudier sous deux angles, en faisant la distinction des effets à court et long terme.

Les effets sur la santé à court terme sont ceux qui peuvent se produire peu de temps après une simple utilisation. Ces effets dépendent de l'individu, du contexte dans lequel il consomme, mais également du produit utilisé et de son mode d'administration. Le cannabis est connu pour ses vertus relaxantes et son côté désinhibant, mais, il peut également avoir des effets négatifs. Les plus courants sont des perturbations au niveau de la conscience et de la perception, avec un ralentissement du traitement de l'information mais également de la coordination. Il y a également un impact sur le comportement et l'affect, ce qui explique que certaines personnes peuvent avoir un sentiment d'anxiété pouvant aller jusqu'à des crises de panique. Le rapport mentionne la possibilité d'éprouver des hallucinations. Cependant, les personnes sujettes à ce genre de symptômes apparaissent comme très minoritaires. Concernant les risques somatiques, il est évoqué les problèmes cardiovasculaires aigus entraînant des malaises et des altérations des voies aériennes (enrouement, toux, essoufflement…).

Parmi les effets à court terme, il faut également signaler les risques liés à la conduite d'un véhicule. Tous les effets précédemment cités entrent en jeu dans cette hypothèse, auxquels il est possible de rajouter l'allongement du temps de réaction ou encore l'altération de la vision. Dès lors, la consommation de cannabis double le risque d'accident de la route. Il faut néanmoins préciser que le rapport mentionne que dans la plupart des accidents, les conducteurs positifs au

---

122 OMS, *« The Health and social effects of nonmedical cannabis use »*, 29 février 2016.

cannabis étaient également positifs aux tests d'alcoolémies : le risque est multiplié par 15 quand une personne associe alcool et stupéfiants.

Concernant les effets à long terme de la consommation de cannabis, ils se manifestent essentiellement chez les personnes qui développent une consommation à risque, régulière ou quotidienne et ne présentent pas la même gravité selon l'âge. L'usage régulier de cannabis est donc loin d'être anodin.

Tout d'abord, il faut noter le risque de contracter une dépendance à cette substance. Les études montrent que cette pathologie reste assez faible pour le cannabis, contrairement à d'autres drogues, bien qu'aujourd'hui ce risque est largement reconnu. La dépendance peut se développer à n'importe quel âge, mais les jeunes sont particulièrement vulnérables : 17% des personnes qui ont consommé du cannabis dans l'adolescence développeront une dépendance, contre 9% à l'âge adulte. La santé mentale nécessite également d'aborder les problématiques liées aux fonctions cognitives. En se fixant sur les récepteurs CB1, la consommation de cannabis entraîne une diminution de ces derniers dans des régions du cerveau. Dès lors, les fonctions cognitives des consommateurs réguliers seraient plus pauvres que celles de personnes lambdas, entraînant des affectations de la mémoire et de la connaissance. Se pose alors la question de savoir si une personne qui arrête l'usage va récupérer ses fonctions. Des études ont été menées, mais les résultats sont contradictoires. Il n'est donc pas possible de conclure avec certitude qu'une personne récupère entièrement ses capacités après l'arrêt du cannabis.

Par ailleurs, les études neurobiologiques démontrent que la consommation régulière de cannabis pendant l'adolescence a des effets plus graves et plus persistants que l'utilisation à l'âge adulte. Ainsi, les séquelles telles que l'affaiblissement de l'attention, de la mémoire, vont affecter durablement ces jeunes. Une expérimentation démontre même que les consommateurs dépendants avant l'âge de 18 ans révèlent une plus grande baisse neuropsychologique et une diminution de QI, que les consommateurs devenus dépendants à l'âge adulte. Ainsi, il faut comprendre que la récupération des capacités cognitives n'est jamais totale, même après un certain temps d'abstinence.

Enfin, il a longtemps été allégué que la consommation de cannabis pouvait entraîner des maladies psychiatriques comme la schizophrénie. La conclusion des études menées sur le sujet ont permis de démontrer qu'une consommation précoce et excessive de cannabis, abaisserait l'âge du début de la maladie chez les sujets prédisposés. Ainsi, le cannabis ne serait pas une cause de la maladie mais plutôt un facteur de risque.

Concernant les complications somatiques, il apparaît que les cannabinoïdes ne sont pas des substances cancérigènes. Néanmoins, le cannabis étant le plus souvent associé à du tabac, les recherches mettent en évidence des risques de cancers notamment des voies respiratoires.

En conclusion, il peut être indiqué que la dangerosité du cannabis se matérialise essentiellement par les risques de troubles cognitifs, avec une vulnérabilité accrue au niveau du cerveau des adolescents. De plus, les dangers liés à son usage se manifesteraient plutôt sur le long terme qu'au moment même de la consommation. Si les risques restent faibles pour les consommations occasionnelles, ils augmentent quand la consommation est importante et qu'elle est associée à deux facteurs : la durée et la concentration des produits en principes actifs. En somme, un usage modéré à l'âge adulte n'apparaît pas comme alarmant. Il faut avoir conscience qu'il est possible de retrouver ces conséquences négatives pour la santé lors de l'usage d'autres drogues, même licites, qui parfois sont mêmes considérées encore plus nocives.

§ 2. La relativité de la dangerosité

Dans le chapitre précédent, il a été présenté la place du cannabis au sein des classements internationaux et nationaux. Cette étude a permis de mettre en lumière que le cannabis était référencé parmi les drogues les plus dangereuses, exigeant les contrôles les plus poussés. La justification de la prohibition reposait donc sur la forte toxicité supposée du cannabis. Pourtant, depuis la mise en œuvre de l'interdiction, de nouveaux classements ont fait leur apparition, dans lesquels le cannabis apparaît comme l'une des substances les moins néfastes.

L'OMS, dès 1971, établit une classification de la dangerosité des drogues. La nocuité repose sur trois critères, établis en 1964 : la dépendance psychique, la dépendance physique et la tolérance. La dépendance psychique se caractérise par la nécessité pour l'individu de consommer régulièrement la substance en cause, afin d'obtenir un état de confort mental et sortir du sentiment de manque. La dépendance physique se traduit par des troubles physiques intenses lorsque l'administration de la drogue est suspendue comme par exemple l'apparition de tremblements. Enfin, la tolérance se caractérise par la nécessité d'augmenter les doses consommées pour ressentir les effets. Ainsi, la dangerosité d'une substance est évaluée selon sa capacité à entraîner ces trois troubles sur les individus consommateurs. A l'étude de ce classement, il ressort un constat frappant ; le cannabis, ou encore la cocaïne, apparaissent comme des substances moins dangereuses que l'alcool dans les trois critères utilisés. Les dépendances physiques et psychologiques sont évaluées respectivement comme minimes et modérées à moyennes en ce qui concerne le cannabis, alors qu'elles sont évaluées comme moyennes à marquées pour l'alcool. De plus, il est indiqué que le développement d'une tolérance au cannabis peut éventuellement intervenir chez les usagers si la consommation se fait de manière régulière et à très forte dose, alors que pour l'alcool, la tolérance se développe quels que soient ces facteurs.

Cette classification est reprise par le rapport Pelletier[123] de 1978, avec une évaluation des substances de 0 à 4 (matérialisée par le signe « + » pour faible, « ++ » pour moyenne, « +++ » pour forte et « ++++ » pour très forte). Ici la résine et l'herbe de cannabis sont distinguées, ce qui suppose que les deux substances n'ont pas les mêmes conséquences. Tout d'abord, il ressort que ces deux substances n'entraînent aucune dépendance physique, et que les risques de développer une tolérance sont nuls. Néanmoins, le rapport mentionne que ces dérivés du cannabis peuvent engendrer une dépendance psychique « faible » pour la marijuana et « moyenne » pour le haschich. L'alcool, quant à lui, est considéré comme entraînant des dépendances et une tolérance « forte ». A la différence de la classification onusienne, le rapport incorpore également le tabac dont les risques de dépendance psychique et de tolérance sont évalués à moyen.

En 1999, le professeur Bernard Roques rend un rapport[124] à la demande de Bernard Kouchner, Secrétaire d'État à la Santé de l'époque, sur la dangerosité des drogues. Cette étude reprend les critères de dépendance précédemment évoqués en y ajoutant trois nouveaux : la neurotoxicité, la toxicité générale et la dangerosité sociale des substances. Concernant les dérivés du chanvre (résine et herbe), la dépendance physique et la dépendance psychique sont évaluées comme « faibles », la neurotoxicité comme « nulle », la toxici-

---

123 PELLETIER (M.), *Rapport de la mission d'étude sur l'ensemble des problèmes de drogues*, La Documentation française, 1978, p 264-265.

124 ROQUES (B.), *La dangerosité des drogues. Rapport au secrétariat d'État à la Santé*, Éditions Odile Jacob, 1999.

té générale comme « très faible » et la dangerosité sociale comme « faible ». Une nouvelle fois, l'alcool apparaît comme une substance bien plus nocive puisque l'ensemble des critères sont évalués de fort à très fort, tout comme le tabac (avec une exception pour la neurotoxicité, puisque seul le tabac n'a pas d'impact sur l'état de conscience).

Tout ceci démontre que les classements nationaux et internationaux ne sont pas basés sur des critères de santé publique liés à la dangerosité des substances, ni même la distinction entre drogues licites et illicites. La dangerosité du cannabis peut donc être relativisée, au regard de ces différents classements, mais également par rapport aux statistiques disponibles sur les taux de mortalité. Dans un souci de totale transparence, il faut souligner que les chiffres qui suivent sont impactés par la licéité ou l'illicéité du produit. En effet, les usagers de tabac et d'alcool sont plus nombreux que les consommateurs de cannabis ces substances étant légales, ainsi, les dommages en résultant sont nécessairement plus importants.

Il faut tout d'abord noter que certains risques à court ou long terme du cannabis se retrouvent dans la consommation d'alcool ou de tabac, comme par exemple les risques de cancers, les maladies cardio-vasculaires, ou encore les problèmes respiratoires. Le tabac constitue la première cause de décès évitable dans le monde. En France, les décès causés par le tabac ont été estimés à 73 000 pour l'année 2015[125], ce qui représente 20% des décès masculins et 6% des décès féminins. En ce qui concerne l'alcool, le nombre de décès liés s'est élevé à 41 000 personnes en 2015[126], soit 11% des décès des hommes et 4% des décès des femmes. En parallèle, la mortalité liée aux drogues illicites représenterait

---

125 OFDT, *Drogues et addictions : données essentielles*, 7ème édition, 18 avril 2019, p53-55.

126 OFDT, *Drogues et addictions : données essentielles*, 7ème édition, 18 avril 2019, p 49-53.

373 décès en 2013[127] dus, en partie, à des surdoses. Le cannabis représente alors sur ce chiffre seulement 7% des décès. Néanmoins, l'ensemble de ces chiffres sont sous-estimés pour les drogues illicites, en raison de l'absence d'analyses toxicologiques systématiques. Enfin, toutes les études[128] démontrent que le risque d'overdose mortelle de cannabis est extrêmement faible.

L'ensemble des analyses scientifiques affaiblissent les justifications de la prohibition du cannabis en démontrant que l'alcool et le tabac sont plus néfastes pour la santé, bien que légales. Ainsi, les différentes nomenclatures ne reposent aucunement sur la dangerosité des produits, ni même sur des études scientifiques. La classification est faite arbitrairement, selon les intérêts des grandes puissances occidentales. Cette thèse est notamment soutenue par Bernard Roques, qui relève qu'aucune corrélation n'existe entre la toxicité des produits et leur statut légal[129].

Le classement de l'OMS est intervenu en 1971, le classement national de Bernard Roques date d'il y a vingt ans et pourtant, aucune modification du statut du cannabis n'est jamais intervenue. De plus, les dangers liés à l'utilisation du cannabis, mais également de l'alcool, dépendent d'autres facteurs, autres qu'une simple consommation : les quantités, le mode d'usage et la durée de la consommation entrent aussi en jeu. De ce fait, les dangers du cannabis doivent donc être relativisés, sans pour autant être minimisés. Dans cette optique, il apparaît une évolution certaine de la perception du cannabis dans les sociétés modernes.

---

127 OFDT, *Drogues et addictions : données essentielles*, 7ème édition, 18 avril 2019, p 56-58.

128 OMS, *The Health and social effects of nonmedical cannabis use,* 29 février 2016.

129 ROQUES (B.), *La dangerosité des drogues : rapport au secrétariat d'État à la Santé*, Éditions Odile Jacob, 1999.

Section 3. L'évolution de la perception du cannabis dans les sociétés

Ces derniers mois, le cannabis connait en France un regain d'intérêt notamment en raison du débat relatif à son usage thérapeutique. La plante de cannabis est utilisée depuis des millénaires en médecine et faisait partie de la Pharmacopée française jusqu'en 1953. Son détournement pour ses effets psychotropes entraînant sa diabolisation, ont conduit à la faire disparaître du champ médicinal au début du XXème siècle.

Aujourd'hui, de nombreux États permettent l'utilisation thérapeutique du cannabis. Prenant conscience du retard français sur cette question et sous la pression de nombreux élus, patients, la Ministre de la Santé a lancé une réflexion sur cette question aboutissant à la mise en œuvre d'une expérimentation du cannabis thérapeutique sur le territoire à compter de 2020. On assiste donc aujourd'hui à une certaine acceptation de la dimension médicale du cannabis (§ 1).

Ses propriétés médicinales ont permis de redonner au cannabis une « bonne image », n'étant plus seulement destiné à être utilisé pour ses propriétés psychotropes. De surcroît, la relativité de sa dangerosité a également entraîné une évolution de sa perception par la société, d'où une consommation massive. Dès lors, que ce soit dans un cadre médical ou récréatif, la fin de la prohibition doit intervenir pour la mise en œuvre d'une meilleure politique sanitaire (§ 2).

§ 1. L'acceptation de la dimension médicale du cannabis

A titre préliminaire, il faut mentionner qu'il ne sera pas abordé l'intérêt des spécialités pharmaceutiques à base de cannabis, mais plutôt l'intérêt de la plante elle-même et de l'utilité de sa consommation. C'est d'ailleurs sur cette question que le CSST, présidé par Nicolas Authier, a travaillé.

Les vertus thérapeutiques supposées du cannabis sont nombreuses, pour autant, son effet sur l'ensemble des pathologies ne fait pas toujours consensus. La seule donnée partagée par l'ensemble des acteurs est son action antispasmodique, notamment chez les patients atteints de sclérose en plaque. Il est également avancé que le cannabis aurait des effets positifs dans la maladie de parkinson, dans le ralentissement du développement du glaucome ou encore sur le syndrome de Gilles de la Tourette[130]. Pour autant, ces données sont encore discutées.

L'ensemble des pathologies ne peuvent pas être étudiées ici, c'est la raison pour laquelle au cours de ce développement, nous allons essentiellement nous intéresser aux situations thérapeutiques suivantes : le traitement de la douleur, les soins supports en oncologie et l'épilepsie. L'intérêt réside dans le fait que l'expérimentation française sera ouverte à ce type de pathologies[131].

Tout d'abord, la plante de cannabis aurait des effets sur la douleur, c'est-à-dire un effet antalgique. Les différentes études utilisées par le CSTT tirent des conclusions positives en ce qui concerne son utilisation pour les douleurs chroniques. Mais, selon la Société Française d'Étude et de Traitement de la Douleur[132], son action antalgique ne serait que modeste. Il est d'ailleurs comparé aux analgésiques opioïdes faibles, tels que la codéine par exemple. En fait, l'intérêt du cannabis résiderait dans son association avec des

---

130 France 2, Envoyé Spécial, « L'autre visage du cannabis », Professeur BENYAMINA Amine, 28 février 2019.

131 CSST Évaluation de la pertinence et de la faisabilité de la mise à disposition du cannabis thérapeutique en France, *Cannabis à visée thérapeutique : cadre de la phase expérimentale*, 26 juin 2019.

132 CSST Évaluation de la pertinence et de la faisabilité de la mise à disposition du cannabis thérapeutique en France, Synthèse de la séance du 10 octobre 2018, p 7-10.

opioïdes traditionnels. La plante permettrait la réduction des doses de médicaments dérivés de l'opium et entraînerait également une baisse des effets secondaires. Ce point n'est pas anodin, surtout au regard de la crise des opioïdes aux États-Unis considérée aujourd'hui comme une crise sanitaire majeure. Le cannabis apparaît alors comme une alternative à ces problématiques.

Les douleurs cancéreuses sont également au cœur des études menées, pour lesquelles le cannabis semble être une solution pour ces patients. Les traitements sont nécessairement lourds et entraînent de nombreux effets secondaires. Les patients bénéficient aussi de soins supports qui ont pour but de prendre en charge toutes les conséquences de la maladie et des traitements notamment de la chimiothérapie. Ces soins ont pour objectif de soulager les troubles liés au sommeil, aux nausées, vomissements, ou encore la perte d'appétit. Dans cette approche, les propriétés du cannabis paraissent intéressantes. En effet, il est reconnu depuis longtemps comme un antiémétique, c'est-à-dire une substance propre à arrêter les nausées et les vomissements. Il peut donc s'avérer être une solution satisfaisante pour les patients. De plus, substance oréxigène, il peut permettre de stimuler ou augmenter l'appétit. Le système endocannabinoïde étudié précédemment[133], sur lequel agit le cannabis, peut influencer également le stress, l'anxiété… Dès lors, « *l'action antalgique du cannabis thérapeutique dans le cadre du cancer pourrait intervenir à travers l'ensemble de ces actions* »[134], au-delà des « simples » douleurs cancéreuses.

Le cannabis ne constituerait pas à lui seul un traitement. Cependant, il peut grâce à l'ensemble de ses propriétés, constituer un remède pour les patients permettant de dimi-

---

[133] Partie 1, Chapitre 2, Section 2, Paragraphe 1, A *« La réalité de la dangerosité »*.

[134] CSST Évaluation de la pertinence et de la faisabilité de la mise à disposition du cannabis thérapeutique en France », Synthèse de la séance du 10 octobre 2018, p 8.

nuer les effets secondaires de certains traitements. Les vertus thérapeutiques décrites peuvent également être bénéfiques dans d'autres pathologies, comme par exemple l'action oréxigène qui est également intéressante pour les personnes atteintes du SIDA. La plante s'inscrit donc comme une substance permettant une amélioration de la qualité de vie des patients.

Enfin, dans le cas de personnes atteintes d'épilepsie certaines expériences mettent en évidence les effets du cannabis thérapeutique. D'ailleurs, de plus en plus de parents se tournent vers cette alternative pour traiter leurs enfants dont la maladie serait mal maîtrisée par les médicaments conventionnels[135]. L'exemple parfait peut être donné grâce à l'histoire de Kaylah[136] âgée de 10 ans. Atteinte du syndrome de Dravet, une forme très rare d'épilepsie, ses parents se sont tournés vers Nicolas Wagner pour améliorer le quotidien de leur fille. Ce chercheur leur a alors proposé une huile de cannabis, extraite d'une variété ayant un fort potentiel thérapeutique, obtenue grâce à des croisements génétiques. Cette espèce contient un taux de 23% de CBD impossible à trouver à l'état naturel. Le CBD agit alors sur l'ensemble du système endocannabinoïde de Kaylah, entraînant une diminution de ses crises, de ses troubles du comportement, du sommeil, et une augmentation de son appétit. Le but n'est pas de remplacer les traitements traditionnels, mais plutôt d'apporter un « confort de vie » à l'enfant comme l'expliquent ses parents. Nicolas Wagner considère que le cannabis n'est pas *« une plante miracle mais qu'elle pourrait améliorer le quotidien de beaucoup de malades »*.

---

135 AUTHIER Nicolas, « Cannabidiol : faut-il autoriser un droit à l'autosoulagement ? », *The conversation*, 21 octobre 2018.

136 France 2, Envoyé Spécial, « L'autre visage du cannabis », 28 février 2019.

L'ANSM a donné son feu vert pour l'expérimentation, selon les modalités définies par le CSST[137]. Essentiellement envisagée pour les patients considérés en « impasse thérapeutique », la plante sera dans cette phase le « médicament de la dernière chance ». Les médecins spécialistes, exerçant dans des structures spécifiques, pourront prescrire du cannabis dans le cadre de 5 indications : les douleurs neuropaneuropathiques réfractaires, certaines formes d'épilepsie sévères et pharmacorésistantes, en tant que soin de support en oncologie, dans les situations palliatives, et enfin, dans la spasticité de la sclérose en plaques ou des autres pathologies du système nerveux central. Le projet prévoit la mise à disposition de plusieurs ratios, posologies des produits car selon les individus ou les maladies, la concentration des produits en CBD ou THC peuvent différencier (parfois les taux doivent être égaux, alors que parfois il est nécessaire que l'un des cannabinoïdes soit plus présent). Cette expérimentation permettra alors de mettre à disposition des produits adéquats à chacun des patients, qui consomment aujourd'hui n'importe quelle substance pour soulager leur douleur. De plus, le projet envisage la mise à disposition du cannabis sous différentes formes : huile, fleurs séchées pour vaporisation, solution buvable, capsule... s'inscrivant dans une logique de réduction des risques permettant une meilleure politique de santé publique.

§ 2. La fin de la prohibition pour une meilleure politique sanitaire

La prohibition est justifiée, dans une large mesure, par la nécessité de protéger la santé publique. Pourtant, cet objectif ne paraît pas véritablement justifié, ni même atteint, et ce pour plusieurs raisons.

---

137 Comité scientifique spécialisé temporaire (CSST) Évaluation de la pertinence et de la faisabilité de la mise à disposition du cannabis thérapeutique en France, *Cannabis à visée thérapeutique : cadre de la phase expérimentale*, 26 juin 2019.

La première raison réside dans le fait que la consommation de cannabis n'est pas un enjeu de santé publique, comme le rappelle le rapport Pelletier[138] étudié précédemment[139]. En effet, le désastre de sa consommation sur la population, annoncé pour justifier la prohibition totale du cannabis par la loi de 1970, ne s'est pas vérifié, alors même que les usagers sont nombreux.

De plus, le cannabis apparaît au fil du temps de moins en moins dangereux, par rapport aux drogues légales que sont le tabac et l'alcool. Sur ce point, une prise de conscience a eu lieu chez les autorités publiques depuis deux décennies, concernant les dangers de ces substances licites. En effet, leurs modalités de vente et leurs conditions d'usage se sont durcies. Par exemple, la vente de tabac est interdite aujourd'hui aux mineurs, alors qu'en 2003, il n'y avait aucune limite d'âge et qu'avant 2010, un mineur de 16 ans pouvait fumer en toute légalité ; il est également interdit de fumer dans les lieux collectifs depuis 2006, ou dans un véhicule en présence d'un mineur depuis 2016. Ces lois sont relativement récentes, pourtant, les dangers de ces substances sont pointés depuis bien longtemps (OMS, ROQUES). Nous pouvons faire un parallèle avec la législation sur les stupéfiants et notamment en matière de cannabis. On assiste à l'assouplissement de l'interdiction de l'usage des drogues illicites, comme étudié précédemment, et à un durcissement des règles d'usage des drogues licites. Ces changements traduisent une modification des perceptions de l'ensemble des acteurs, politiciens et citoyens, qui peuvent conduire à une évolution du statut des drogues illicites et donc du cannabis.

---

138 PELLETIER (M.), *Rapport de la mission d'étude sur l'ensemble des problèmes de drogues*, La Documentation française, 1978.

139 Partie 1, Chapitre 2, Section 1, Paragraphe 2 *« L'inapplication de la loi pénale pour les consommateurs de cannabis ».*

Comme vu précédemment, le tabac et l'alcool sont des drogues très nocives comparées au cannabis. La question se pose alors de savoir s'il n'est pas possible de sortir de la prohibition et appliquer à ce dernier un régime similaire. La légalité, ou tout du moins la fin de la prohibition, permettrait à l'État de mener une véritable campagne de prévention, comme pour les deux drogues légales. L'impact sur la population et notamment les adolescents qui sont les sujets les plus à risques pourraient être plus fort. En effet, militer contre une substance qui est interdite est beaucoup plus compliqué puisque tous les arguments peuvent être interprétés comme relatifs à la prohibition. *A contrario*, informer des dangers d'une substance autorisée ou tolérée, à l'instar du tabac et l'alcool, donne l'impression que les arguments avancés sont réels et ne répondent pas à une simple optique politique prohibitionniste.

Par ailleurs, il existe plusieurs types de consommation. Sans rentrer dans des considérations médicales, la consommation d'alcool n'est jamais sans danger, mais il y a des consommations à risques plus ou moins élevés. Ainsi, toutes les consommations d'alcool ne sont pas chroniques, ni problématiques et ne méritent pas toutes une prise en charge médicale. Qu'en est-il du cannabis ? Pour rappel, la substance est considérée comme faiblement addictogène et « seulement » 3,6% de la population adulte consomme régulièrement du cannabis. Nous avons également noté que les effets néfastes du cannabis se matérialisent sur le long terme, dans le cadre d'une consommation chronique. Il est donc peut-être envisageable que la consommation festive, ne s'inscrivant pas dans un cadre régulier, présente peu de risque chez les adultes. Comme le dit Francis Caballero : « *on peut consommer du cannabis avec modération* »[140]. L'ensemble des

---

140 BFM, BFM Story, CABALLERO Francis, 14 mai 2015, https://www.bfmtv.com/mediaplayer/video/on-peut-consommer-ducannabis-avec-moderation-a-declare-francis-caballero-526139.html.

consommateurs de cannabis ne doivent donc pas être considérés comme des malades, comme le fait la loi de 1970. Seules les personnes ayant une consommation à risque devraient être traitées comme tel. La fin de la prohibition permettrait alors de prendre en charge de manière plus efficace ces dernières. Cette consommation à risque concerne notamment les adolescents et les usagers adultes dépendants. En fait, la fin de la prohibition permettrait non pas de lutter contre la consommation de cannabis, mais contre l'abus de cannabis, à l'instar de l'alcool.

Enfin, la fin de la prohibition sonnerait également la fin de la double peine pour les malades qui utilisent du cannabis à des fins thérapeutiques qui sont alors : malade et délinquant. En effet, aujourd'hui leur nombre est estimé à 300 000. Néanmoins, ce chiffre est largement sous-estimé du fait qu'il n'existe pas de statistique sur le sujet. Ces malades se fournissent alors à l'étranger pour ce qui concerne les produits à base de cannabis (comme les huiles, les gélules, ou encore le SATIVEX), ou sur le marché noir directement. La fin de la prohibition du cannabis, d'autant plus thérapeutique, permettrait de développer également des modes de consommation plus sains que le « joint » pour ces malades.

D'une manière générale, que ce soit dans son aspect récréatif ou thérapeutique, la fin de la prohibition apparaît comme la seule solution permettant de mener une politique de santé publique réellement efficace.

L'ensemble des éléments étudiés dans le présent chapitre démontre de manière significative que la politique française en matière de drogue est dépassée. Le signe le plus flagrant résulte dans les taux records qu'enregistre la France en matière de consommation du stupéfiant, contribuant à l'enrichissement des trafiquants. Cette augmentation est la conséquence même du discours préventif alarmiste mis en place dans le pays. La plupart du temps, la dangerosité du stupéfiant est largement amplifiée pour dissuader son usage, contribuant au discrédit de l'ensemble des campagnes de prévention, notamment auprès des jeunes chez qui l'expérimentation est devenue un modèle dominant.

L'échec repose également dans l'inapplication de la loi pénale, qui est en réalité inapplicable. Ce constat est largement partagé par les gouvernements, puisqu'ils ont tous édicté des circulaires contournant l'application de la législation : préconisation en faveur des mesures alternatives aux poursuites, des mesures thérapeutiques ou des procédures judiciaires simplifiées.

La prohibition de la consommation repose essentiellement sur la répression policière. Une partie de ce corps de métier réclame aujourd'hui l'évolution des politiques publiques en la matière. Le collectif « Police Contre la Prohibition » considère que cette politique prohibitionniste prend « un temps fou », et qu'il y a des délinquants « plus dangereux qu'un fumeur de shit »[141]. Ils dénoncent également un point essentiel ; la consommation de drogue ne relève pas de la répression pénale, mais bien de la santé publique, dès lors que cette infraction ne met pas en jeu la sécurité d'autrui.

La question se pose alors de savoir pourquoi, depuis cinquante ans, aucun changement de cap n'a été amorcé en France. L'explication se trouve dans le fait que la loi a longtemps été vue comme moralisatrice, constitutive d'un rempart à la consommation. Pourtant, il faut reconnaitre aujourd'hui que cette fonction dissuasive de la peine n'a pas permis d'éradiquer le cannabis de nos sociétés. De plus, personne n'a jamais osé entériner ne serait-ce que la simple dépénalisation de l'usage de cannabis, de peur de s'attirer les foudres de l'opinion publique et des conservateurs.

---

141 http://police.etc.over-blog.net/2018/11/pcp-le-collectif-police-contre-la-prohibition.html.

En conclusion générale de cette première partie, nous pouvons dresser un constat d'échec de la politique prohibitionniste menée à l'encontre du cannabis, et plus généralement à l'encontre de tous les stupéfiants. Les politiques mondiales et internes doivent donc prendre conscience de leur défaite dans la « guerre contre la drogue » et des progrès s'imposent.

Au sein de la communauté internationale, les classifications onusiennes doivent faire l'objet d'un rafraichissement. Alors que nous avons vu qu'elles ne reposaient pas sur la dangerosité des drogues, la Commission globale de politique en matière de drogue préconise d'établir un nouveau système adapté *« à la dangerosité de chaque drogue et fondé sur des évaluations scientifiques solides »*[142]. L'idée est alors d'abandonner la tolérance zéro et de faire un meilleur usage des instruments juridiques.

En droit interne, une réforme est également nécessaire, d'autant plus que les citoyens en expriment le souhait. Plusieurs organismes ont mené des sondages afin d'appréhender la perception des drogues par la population française et permettent de mettre en lumière une évolution. Tout d'abord, 47% de la population serait favorable à une légalisation du cannabis, soit presque la moitié de la population. Par contre, 61% serait contre la vente libre du cannabis dans le commerce. Cette proportion apparaît toutefois en recul par rapport à 2013, où 78% de la population était opposée à cette éventualité. Le sondage de l'Institut français d'opinion publique (IFOP)[143], réalisé pour Terra Nova[144], relève quant à lui que 64% de la population pense que des changements

---

142 Commission globale de politique en matière de drogues, *La classification des substances psychoactives : Lorsque la science n'est pas écoutée*, rapport 2019.

143 Enquête IFOP, Les Français et le cannabis, publiée le 11 juin 2018.

144 Association française fondée en 2008 produisant des réflexions et propositions politiques en France et en Europe, militant pour l'évolution de la législation du cannabis et notamment la régulation du marché.

législatifs doivent intervenir, avec 51% d'opinion favorable à une régulation du cannabis mais avec une forte intervention de l'État.

De manière générale, le souhait d'une modification de la politique actuelle apparaît au sein de la population française. Néanmoins, les citoyens restent ambivalents sur les politiques alternatives pouvant être mises en place. Il est alors nécessaire de faire le point sur ces dernières, puisqu'une évolution législative apparaît comme souhaitable, voir nécessaire.

2ème PARTIE

LE SOUHAIT D'UNE ÉVOLUTION LÉGISLATIVE

Le 27 juin 2017, l'OMS et les Nations-Unies ont fait une déclaration conjointe dans laquelle elles appellent à « *Réviser et abroger les lois punitives qui se sont avérées avoir des incidences négatives sur la santé et qui vont à l'encontre des données probantes établies en santé publique. Il s'agit notamment des lois qui pénalisent ou interdisent* {…} *la consommation de drogues ou leur possession en vue d'un usage personnel* »[145]. Cette annonce signale une évolution de la position onusienne et invite ouvertement les États aux législations les plus strictes à opérer des changements.

Malgré les normes internationales, tous les États ne possèdent pas un système aussi répressif que la législation française. Une évolution est donc nécessaire dans le pays, en alternative à la prohibition actuelle.

Généralement, le débat s'établit autour de la prohibition et de son opposé, la légalisation. Pourtant, des politiques intermédiaires existent ailleurs (Chapitre 1). Il convient donc d'étudier précisément les principes de ces systèmes pour appréhender les points positifs et négatifs. Considérées comme frileuses, ces politiques constituent cependant l'évolution minimale que la France doit entreprendre en matière de consommation de cannabis.

In fine, la légalisation de la substance apparaît comme la politique la plus crédible et la plus encline à relever les défis actuels. Après l'Uruguay et certains États Américains, le Canada a également choisi cette voie. Aujourd'hui, le Luxembourg entame une réflexion sur le sujet et pourrait bien devenir le premier pays européen à légaliser la substance. Au travers d'une analyse de droit comparé, nous verrons comment la mise en œuvre de la légalisation du cannabis constitue le meilleur moyen de contrôler sa consommation en France (Chapitre 2).

---

[145] OMS, « Mettre fin à la discrimination dans les établissements de soins », 27 juin 2017, disponible sur : https://www.who.int/fr/news-room/detail/27-06-2017-joint-united-nations-statement-on-ending-discrimination-in-health-care-settings.

Chapitre 1. La nécessité d'une évolution minimale : vers une politique de tolérance

La lutte contre le cannabis apparaît fortement judiciarisée en France, où l'usage et la détention représentent la majorité du contentieux relatif à la législation des stupéfiants. Ce constat contraste largement par rapport à la tendance européenne tendant à l'allégement des sanctions pour ce type d'infraction. De nombreux États ont alors choisi des voies intermédiaires entre prohibition et légalisation. L'objectif poursuivi est de réduire les sanctions relatives à ces infractions quand la consommation s'inscrit dans un cadre privé. Pour autant, chacune des législations présente des spécificités et il n'existe pas de modèle unique.

On peut différencier deux types de politiques mises en place dans les pays ne souhaitant pas légaliser le cannabis, mais simplement faire évoluer leur législation. Il s'agit des hypothèses de dépénalisation et de la décriminalisation de la consommation, qui pourraient constituer les premiers pas d'une évolution française (Section 1). En effet, ces politiques sont considérées comme le point de départ obligatoire pour toute évolution du cadre juridique des drogues.

Cependant, leurs mises en œuvre depuis plusieurs décennies démontrent qu'elles sont insuffisantes par rapport aux enjeux de la société actuelle (Section 2). Elles apparaissent timides, peu innovantes, laissant subsister différents effets néfastes hérités de la prohibition.

Section 1. Les hypothèses de dépénalisation et décriminalisation

La dépénalisation et la décriminalisation peuvent-être analysées comme des mouvements juridiques entraînant une modification de la législation. La dépénalisation s'apprécie comme un abaissement de la sanction pénale initialement prévue. Comme vu en introduction, la dépénalisation peut consister en un déclassement de l'infraction au sein des catégories pénales ou encore en la suppression totale de l'infraction.

Le terme de décriminalisation est anglo-saxon et signifie, quant à lui, que l'infraction ne relève plus du droit pénal. C'est donc un processus consistant à soustraire un comportement illicite de la sphère pénale. Ainsi, lorsque l'infraction pénale devient administrative ou lorsque le comportement n'est plus constitutif d'une infraction, nous pouvons parler de décriminalisation.

Depuis plusieurs décennies, certains gouvernements de l'UE ont souhaité faire évoluer leurs politiques en matière de drogue et se sont tournés vers l'un de ces mécanismes. Néanmoins, certains pays prévoyaient des sanctions beaucoup plus douces que celles du droit français depuis la mise en œuvre de leur législation. Il convient donc de faire un tour d'horizon de l'ensemble des législations européennes et de constater qu'elles sont hétéroclites (§ 1).

Alors que la tendance européenne tend vers un allégement des sanctions pénales, la France n'a au contraire pas choisi ce chemin. En effet, la dépénalisation ne semble pas avoir d'avenir proche dans notre pays (§ 2).

§ 1. Des législations disparates au sein de l'Union Européenne

Au sein de l'UE, aucun pays n'a légalisé le cannabis. Pourtant, certains se montrent tolérants en ce qui concerne sa consommation et sa détention, ce qui dénote avec la position de la France. L'étude de l'ensemble des législations démontre que les consommateurs ne bénéficient pas d'un traitement égal dans l'UE (A).

Certaines politiques se distinguent par leurs spécificités. C'est par exemple le cas du Portugal et des Pays-Bas ; le premier a choisi de décriminaliser la consommation et la détention de l'ensemble des drogues depuis 2001, et le second met en place une législation plus que tolérante en ce qui concerne le cannabis. Ces deux cas peuvent être étudiés de manière approfondie ce qui permettra d'appréhender avantages et désavantages de ces politiques (B).

A. Un traitement inégal des consommateurs

Selon les pays où ils se trouvent, les consommateurs de cannabis ne sont pas soumis au même traitement. De l'absence de sanction à la prison, les pratiques étatiques peuvent être totalement opposées.

Tout d'abord, la plupart des législations n'incriminent pas l'usage de drogue en tant que tel. De ce fait, la consommation ne fait pas partie des actes expressément interdits et ne peut pas faire l'objet d'une sanction dans quinze États membres[146]. Cependant, cette tolérance fait parfois l'objet de restrictions. Par exemple, l'Espagne ne l'autorise que dans la sphère privée car dans un lieu public, cet acte est constitutif d'une infraction administrative sanctionnée par le paiement d'une amende. De même aux Pays-Bas, il existe une tolé-

---

146 Allemagne, Autriche, Belgique, Croatie, Danemark, Espagne, Irlande, Italie, Malte, Pays-Bas, Pologne, République-Tchèque, Royaume-Uni, Slovaquie, Slovénie.

rance générale mais n'excluant pas pour autant des interdictions particulières : l'usage est interdit dans les écoles, et au niveau communal, les maires peuvent prendre des arrêtés plus restrictifs[147]. Il faut également mentionner le cas particulier de la Roumanie, où la législation prohibe la consommation mais où aucune sanction n'est prévue, elle y est donc tolérée. Ainsi, seize États ne poursuivent pas les consommateurs de drogues illicites.

A l'instar de l'Espagne, six États[148] ont décriminalisé cette pratique qui constitue une infraction administrative. Le plus souvent, la sanction se matérialise par le paiement d'une amende, mais elle peut également donner lieu à une rétention administrative ou des travaux d'intérêt général.

De plus, le consommateur peut être appréhendé pour des faits de détention de drogue. Contrairement à la simple consommation, la possession est un acte prohibé dans tous les pays de l'UE et constitue soit une infraction pénale, soit une infraction administrative. Ce qui nous intéresse ici, c'est l'hypothèse du consommateur détenant une quantité de drogue pour sa consommation personnelle. Certaines législations prévoient des seuils, mais la plupart du temps ce n'est pas le cas et l'évaluation dépend de l'appréciation des services de polices ou des parquets.

En ce sens, la détention de cannabis en faible quantité constitue une infraction administrative dans 9 pays[149]. La sanction applicable peut être de différente nature : avertissement, perte du permis de conduire, rétention administrative, ou encore une amende qui est la condamnation la plus souvent appliquée. Un cas spécial, l'Espagne, où la détention dans un espace public constitue une infraction

---

147 Certaines villes interdisent la consommation de cannabis en public.

148 Bulgarie, Estonie, Lettonie, Lituanie, Luxembourg, Portugal.

149 Croatie, Estonie, Italie, Lettonie, Malte, Portugal, République-Tchèque, Slovénie, Luxembourg.

administrative, alors que la détention dans un cadre privé n'est pas punissable (en dessous de 25 grammes, au-delà l'infraction retombe dans le champ pénal).

Il y a donc 18 pays qui considèrent que la détention de cannabis constitue une infraction pénale. Ils sanctionnent systématiquement la détention de faible quantité, avec des peines allant de l'amende aux peines privatives de liberté. Cependant, plusieurs États mettent en place des mécanismes juridiques permettant de ne pas faire l'objet de poursuite quand l'infraction s'inscrit dans le cadre de la consommation personnelle. Par exemple au Royaume-Uni, si l'agent estime que la quantité détenue est faible, il peut infliger un simple avertissement ou une amende en cas de récidive. De la même manière, en Belgique, le paiement d'une transaction permet au contrevenant d'échapper au sillon judiciaire. Dans d'autres États, la législation ou des directives demandent l'abandon des poursuites dans ces cas « bénins ». C'est le cas par exemple de l'Allemagne qui a demandé à ses *Länder* de déterminer une quantité maximum en dessous de laquelle les parquets doivent obligatoirement classer l'affaire. La quantité retenue par la plupart des régions pour une consommation personnelle est de 6 grammes.

En somme, seulement neuf États ne considèrent ni l'usage, ni la détention de « petites quantités » de cannabis comme des infractions pénales. Il s'agit de la Croatie, de l'Espagne, de l'Estonie, de l'Italie, de la Lettonie, du Luxembourg, du Portugal, de la République-Tchèque et de la Slovénie. Il faut également savoir que certains États mettent en place des législations spécifiques pour le cannabis, comme le Luxembourg, les Pays-Bas ou encore la Belgique. Il y est considéré que le consommateur fait usage d'une drogue douce et qu'ainsi, il mérite un traitement moins sévère que s'il consommait une autre substance.

L'ensemble des législations de l'UE sont des politiques compliquées et difficiles à appréhender. Certaines se ressemblent dans leur principe et d'autres présentent des particularités intéressantes à étudier.

B. Les particularités des législations portugaise et néerlandaise

Les politiques menées aux Pays-Bas et au Portugal se distinguent par rapport aux autres législations de l'UE. Pendant près d'un demi-siècle, le premier a mené une politique confuse en matière de cannabis, contribuant à la croyance populaire que le pays avait légalisé la substance Aujourd'hui, ce mythe va être renforcé par la nouvelle législation mise en place (1). Le Portugal, quant à lui, mène une politique indifférenciée selon les drogues consommées pouvant être considérée comme exemplaire sur le plan sanitaire (2).

1. Un pas de plus vers la légalisation du cannabis aux Pays-Bas

Aux Pays-Bas, la législation est différente selon les substances depuis 1976. Il existe deux catégories de drogues en fonction des risques qu'elles présentent pour la santé : les drogues dures et les drogues douces incluant le cannabis. Le pays fait partie de ceux qui n'interdisent pas la consommation de drogue, quelle qu'elle soit. Cependant, sont prohibées par principe toutes les opérations qui les concernent : fabrication, transformation, commerce, détention. C'est à partir de là que la distinction des substances entre en jeu car les drogues douces bénéficient de certains aménagements. Le pays est plus tolérant que l'ensemble des États membres sur la question du cannabis, notamment avec l'existence des *coffee shops*. C'est d'ailleurs essentiellement pour cette raison que les individus considèrent que le cannabis est légal aux Pays-Bas. En réalité, il s'agit simplement d'une politique de tolérance vis-à-vis de la substance s'inscrivant dans un processus de dépénalisation.

La détention de drogue est punie d'une peine de prison d'un mois ou d'une amende de 3 900€ au maximum. Néanmoins, en ce qui concerne le cannabis, la détention de 5 grammes est tolérée puisque dans cette hypothèse, l'affaire doit être classée sans suite[150]. Au-delà et jusqu'à 30 grammes, la loi doit s'appliquer mais ces infractions ne constituant pas une priorité, généralement la personne est arrêtée et orientée vers un organisme d'aide.

En ce qui concerne la vente de cannabis, c'est un délit lorsqu'elle revêt un caractère professionnel[151]. Les *coffee shops* existant toujours, ils ne sont pas considérés comme des points de vente professionnels. Pour ne pas être poursuivis, ils doivent se conforter à l'interdiction de :

- Faire de la publicité, sauf pour indiquer la localisation.
- Vendre des drogues dures.
- Déranger le voisinage.
- Admettre des mineurs dans l'établissement.
- Vendre plus de 5 grammes par personne dans une même journée.
- Disposer d'un stock supérieur à 500 grammes.
- Se trouver à moins de 350 mètres d'une école.

Si un des critères n'est pas respecté, l'infraction de vente à caractère professionnel est caractérisée et les gérants de ces établissements sont poursuivis.

---

150 Politique résultant des directives du parquet général entrées en vigueur le 1er janvier 2001.

151 Lorsque la vente revêt un caractère professionnel, le délit est puni d'une peine de prison de 6 ans et d'une amende de 78 000€ maximum.

Logiquement, pour pouvoir vendre du cannabis les *coffee shops* doivent s'approvisionner ce qui pose problème car les Pays-Bas interdisent la culture professionnelle. Dès lors, les gérants ne peuvent pas se fournir légalement auprès de producteur et doivent donc se tourner vers le marché noir, ali-alimentant ainsi le crime organisé. Le système de « porte arrière » et « porte d'entrée »[152] aux Pays-Bas est donc complètement absurde : l'une des activités est illégale mais nécessaire pour pratiquer la seconde activité légale.

Afin de mettre fin à cette incohérence, le parlement a voté l'expérimentation de la culture professionnelle. A partir de 2020, une dizaine de villes vont mettre en place à titre expérimental une filière d'approvisionnement officielle pour les *coffee shops.* Le pays, dont le gouvernement libéral souhaite une évolution législative, fait un pas de plus vers la légalisation. En effet, la culture sera contrôlée par les communes et la vente autorisée dans les établissements spécialisés.

2. Le Portugal comme politique exemplaire en matière de santé

Le Portugal, confronté à des problématiques sanitaires et sociales liées à la consommation intense de drogues dures telles que la cocaïne et l'héroïne, a choisi de décriminaliser la consommation et la détention de toutes les drogues en 2001. Le but était alors de mettre en place une politique ne choquant pas l'opinion publique et permettant d'améliorer la protection des usagers (notamment de la jeunesse) et de réduire les incarcérations. La législation portugaise est donc le fruit de ce compromis ; l'usage et la détention de drogue

---

152 Ce sont deux expressions néerlandaises. « La porte d'entrée » est utilisée pour désigner le système des *coffee shops* permettant aux consommateurs d'entrer légalement dans un établissement et de se procurer du cannabis. « La porte arrière » désigne l'autre réalité du système de *coffee shops*, c'est-à-dire l'impossibilité pour leurs gérants de se fournir légalement auprès de producteurs et de devoir passer par des trafiquants pour s'approvisionner.

constituent des infractions administratives non systématiquement sanctionnées.

Le traitement de ces deux infractions relève de la compétence des commissions pour la prévention de la toxicomanie. Ces dernières sont composées d'un juriste et de deux représentants des professions médicales ou sociales. L'ensemble de ces infractions est enregistré dans un fichier national, permettant l'adaptation des procédures en fonction des antécédents de chacun.

L'objectif des commissions, réparties sur l'ensemble du territoire, est de déterminer si la personne est toxicomane. Pour ce faire, les membres auditionnent l'usager, consultent le fichier national et peuvent faire procéder à des examens médicaux. La décision est donc adaptée au profil des contrevenants. Ainsi, le pays met en place une protection sociale et sanitaire, au travers de son système répressif.

Si la personne est diagnostiquée toxicomane, nous retombons alors sur le principe de l'injonction thérapeutique française. Dans ce cas la personne peut opter pour un traitement médical et aucune sanction n'intervient. Si le traitement n'est pas suivi, la commission peut lui infliger diverses sanctions autres que pécuniaires. Elle peut par exemple lui interdire d'exercer certaines activités professionnelles.

Si l'usager n'est pas toxicomane et n'est pas fiché, la procédure est suspendue entre 1 et 3 ans. A l'issue de la suspension et s'il n'a commis aucune autre infraction, le dossier est classé sans que l'intéressé n'ait été sanctionné.

En fait, la sanction administrative n'intervient que très rarement : simplement dans les hypothèses de consommateurs non toxicomanes récidivistes. Le montant de l'amende[153] varie alors selon les circonstances de l'infraction :

153 L'amende pour consommation de drogue est comprise entre 25€ et 150€.

lieu privé ou public, situation financière de l'intéressé… Enfin, permettant la détention de 10 jours de consommation de drogue, la législation portugaise est l'une des plus tolérantes.

Ces deux législations ont chacune leurs aspects positifs et si nous devions les évaluer, il y a plusieurs choses à retenir. Tout d'abord, la distinction faite au Pays-Bas, entre drogues dures et drogues douces, apparaît comme satisfaisante. En effet, nous avons vu que les stupéfiants n'avaient pas les mêmes effets et que le cannabis faisait partie des moins négatifs. Il n'est donc pas choquant de lui appliquer un traitement différencié. De plus, l'idée de permettre aux gens de s'approvisionner, auprès d'établissements spécialisés, n'est pas totalement absurde : cela permet aux consommateurs de ne pas se fournir auprès de dealers de rues et de se voir proposer d'autres marchandises. Enfin, concernant le Portugal, il est indéniable que leur politique axée sur la prise en charge médicale des toxicomanes est exemplaire. En articulant le cadre législatif autour de l'offre de santé, l'approche est pragmatique. Par ailleurs, les chiffres de la consommation sont plutôt encourageants. Depuis la mise en œuvre de cette politique, les statistiques baissent très nettement et seulement 8% des jeunes adultes (de 15 à 34 ans) ont déclaré avoir fumé du cannabis au cours de la dernière année, contre 21,8% en France (jeunes adultes de 18 à 34 ans).

L'étude de l'ensemble des législations permet de mettre en lumière que la France reste parmi les plus sévères. Le pays fait partie des six États[154] où la consommation de drogue peut conduire à la prison. La dépénalisation ou la décriminalisation de cette infraction pourrait être une solution envisageable. Un espoir était né avec les débats menés sur la question depuis quelques années, mais les nouvelles dispositions législatives témoignent de l'absence d'avenir proche d'une telle évolution en France.

---

[154] Chypre, Finlande, France, Grèce, Hongrie, Suède.

§ 2. L'absence d'avenir proche d'une dépénalisation de l'usage de drogue en France

Alors que la dépénalisation est largement plébiscitée par les gouvernements européens, la France prend une toute autre voie. La mise en œuvre de l'amende forfaitaire laissait penser que la position du gouvernement pourrait évoluer et qu'il allait s'engager vers une dépénalisation mais il n'en est rien.

L'infraction d'usage constitue toujours un délit et la mise en œuvre de cette nouvelle sanction contribue au renforcement de l'arsenal pénal français en matière de consommation de drogue et à fortiori de cannabis (A). Elle s'ancre dans la politique prohibitionniste menée depuis cinquante ans et semble, elle aussi, vouée à l'échec (B).

A. Le renforcement de l'arsenal pénal par le biais de l'amende forfaitaire délictuelle

Comme étudié en première partie, le principe de l'amende forfaitaire délictuelle a été étendu à l'infraction de consommation de drogue[155]. Cette possibilité de forfaitiser certains délits a été introduite par la loi de modernisation de la justice du XXIème siècle[156] prévoyant cette sanction seulement dans deux cas : les infractions de conduite sans permis ou sans assurance. Son introduction a été motivée par un souci de rendre la justice répressive plus efficace, plus rapide et de désengorger les juridictions de plusieurs contentieux de masse. Aujourd'hui, les usagers de drogues peuvent être contraints de payer une amende, même en cas de récidive.

---

155 Loi n°2019-222 du 23 mars 2019 de programmation 2018-2022 et de réforme pour la justice, Article 58.

156 Loi n°2016-1547 du 18 novembre 2016 de modernisation de la justice du XXIème siècle, dite « loi J21 ».

Le principe de l'amende forfaitaire délictuelle est simple[157]. Quand l'infraction d'usage de drogue est constatée par les forces de l'ordre, ces dernières dressent un procès-verbal simplifié et l'amende s'élève à 200€. Postérieurement à cette date, l'intéressé dispose de 45 jours pour la régler. Au-delà, elle fait l'objet d'une majoration et s'élève à 450€. Si la personne règle directement la somme à l'agent qui a constaté l'infraction, ou dans les 15 jours suivant l'envoi de la demande de paiement, elle peut être minorée[158]. Dans cette hypothèse, l'infraction n'est donc plus soumise au procureur, l'action publique est éteinte et le paiement de l'amende vaut condamnation.

Cependant, l'amende forfaitaire n'est pas systématique, ce n'est qu'une alternative pour l'agent qui constate l'infraction d'usage de stupéfiant. En effet, la loi maintient les dispositions prévoyant la peine d'emprisonnement et l'amende de 3 750€. Le choix est donc laissé au pouvoir discrétionnaire des forces de l'ordre : soit le fonctionnaire de police condamne la personne à payer une amende, soit il informe le procureur qui exercera alors son pouvoir d'opportunité des poursuites. Dans ce cas, la réponse pénale ne sera pas la même pour l'ensemble des usagers : soit la personne pourra rendre compte de sa situation devant un juge, soit elle devra régler le montant de son amende. De la même manière, soit elle encourra une peine de prison, soit une sanction pécuniaire. Le traitement pénal ne sera donc pas identique et peut être analysé comme contraire au principe d'égalité devant la loi selon lequel les justiciables se trouvant dans des situations semblables doivent avoir un traitement égal.

De plus, la loi de 2019 a étendu le principe de l'amende forfaitaire délictuelle à sept nouvelles infractions, dont

---

157 Articles 495-17 à 495-25 du Code de procédure pénale.

158 Le montant est alors de 150€.

l'usage de stupéfiant. Cependant, elle a également opéré une extension du champ d'application de cette sanction. Les textes spécifiques de ces délits prévoient que l'amende forfaitaire délictuelle est applicable « *{…} y compris en cas de récidive, {…} dans les conditions prévues aux articles 495-17 et suivants du code de procédure pénale* ». Pourtant, l'article 495-17 du CPP dispose que « *{…} la procédure de l'amende forfaitaire n'est pas applicable si le délit a été commis {…} en état de récidive légale* ». Alors que le texte relatif au principe de l'amende exclut très clairement l'hypothèse récidiviste, les nouveaux textes spéciaux lui réservent une application. Par conséquent, le régime de l'amende prévu par l'article 495-17 du CPP n'a plus de portée générale car seules les deux infractions qui ont justifié la création de cette sanction en 2016 excluent son application pour les récidivistes. Le principe devient alors une exception, mécanisme ne contribuant pas à une bonne compréhension de la loi.

Ces éléments ont servi d'argument pour une question prioritaire de constitutionnalité (QPC) rejetée par le Conseil Constitutionnel[159], considérant que l'amende forfaitaire délictuelle n'était pas contraire à la Constitution. On aurait pu croire naïvement que la France était prête à se lancer dans une dépénalisation mais ce n'est pas le cas, puisque les peines prévues auparavant n'ont pas été supprimées et que l'infraction constitue toujours un délit. La mise en œuvre d'une amende pour usage renforce au contraire le système répressif. En effet, de manière générale, les consommateurs de cannabis étaient généralement sanctionnés par un rappel à la loi. Or, en mettant en place ce système de condamnation, la répression va devenir systématique et le paiement d'une amende risque de devenir la norme. Alors que d'autres possibilités s'offraient au gouvernement, ce dernier a choisi de

---

[159] Conseil Constitutionnel, décision n°2019-778 DC, 21 mars 2019.

mettre en œuvre l'amende forfaitaire délictuelle vouée certainement à l'échec.

B. Le probable échec de l'amende forfaitaire délictuelle

L'échec de cette nouvelle politique repose sur plusieurs éléments. Tout d'abord, ce système suppose que les consommateurs ayant un problème de drogue ne puissent plus faire l'objet d'une mesure médicale par le biais de l'injonction thérapeutique. Il appartiendra donc aux forces de l'ordre d'apprécier le profil de chaque usager sur la voie publique afin d'évaluer la procédure à mettre en œuvre. Cependant, il est peu probable que ces derniers aient réellement le temps de s'interroger sur ces questions et qu'ils en aient les compétences. En sanctionnant également les récidivistes, même s'ils cachent une toxicomanie, le volet sanitaire semble bien loin des préoccupations de cette nouvelle procédure.

De plus, certains organismes[160] mettent en lumière l'amplification des phénomènes de pratiques discriminatoires par le biais de l'amende. En effet, les personnes issues de quartiers populaires sont majoritairement concernées par les interpellations, puis par les condamnations pour usage ou détention de stupéfiants. Ces interpellations résultent généralement de contrôle d'identité ciblant certaines populations. La Commission nationale consultative des droits de l'homme (CNCDH) écrivait en 2016 que les contrôles policiers ciblaient *« plus fréquemment les jeunes hommes issus des minorités visibles, ou à s'exercer particulièrement à l'encontre des personnes en situation de grande précarité comme les personnes sans domicile fixe ou les toxicomanes les plus désaffiliés »*[161]. Pourtant, la consommation

---

160 Livre blanc inter-associatif sur l'article 37 du projet de loi de programmation 2018-2022 et de réforme de la justice, novembre 2018. Il rassemble de nombreuses associations et syndicats, comme le syndicat de la Magistrature, ou NORML France.

161 CNCDH, *Usages de drogues et droits de l'homme,* 8 novembre 2016.

de drogue est répartie de manière assez équitable au sein des différents milieux sociaux mais ce sont toujours les mêmes communautés qui sont visées. Le comité Police Contre Prohibition considère que ces amendes concerneront les quartiers dits sensibles, une population majoritairement issue de l'immigration, jeune, la moins solvable et la plus vulnérable d'un point de vue sanitaire et social. Dans le livre blanc inter-associatif, il est analysé la mise en œuvre de l'amende forfaitaire comme un *« droit d'entrée à la consommation pour les classes sociales supérieures qui peuvent s'acquitter de son montant »*, alors qu'elle serait un *« outil de pression pour les classes sociales populaires »* entraînant une précarisation de ces dernières.

De surcroît, elle semble se heurter à des difficultés de mise en œuvre en raison d'obstacles techniques et informatiques. Ces amendes n'ont toujours pas vu le jour, même dans les hypothèses prévues depuis 2016, car leur entrée en vigueur est « suspendue jusqu'à la publication d'un arrêté précisant les modalités selon lesquelles les requêtes et les réclamations peuvent être adressées »[162]. En fait, la faculté de recourir aux amendes forfaitaires a été étendue alors même que la procédure n'est en réalité toujours pas applicable.

L'amende forfaitaire délictuelle apparaît alors comme une mesure peu satisfaisante. Même si elle est mise en œuvre et qu'elle règle une partie du contentieux de l'usage de stupéfiant, cela ne permettra pas de mettre fin aux effets pervers de la prohibition.

La dépénalisation de l'usage serait alors une voie à explorer. C'est ce que demandait la CNCDH avec une différenciation selon les drogues. En effet, elle recommandait alors de dépénaliser totalement l'usage de cannabis au regard de ses spécificités et l'analysait comme une décrimina-

---

162 Rapport de la Commission d'enquête sur la situation, les missions et les moyens des forces de sécurité qu'il s'agisse de la police nationale, de la gendarmerie, ou de la police municipale, 3 juillet 2019.

lisation puisque le but était de ne plus incriminer l'usage en le faisant sortir du champ pénal. S'agissant des autres drogues, considérées comme plus addictogènes, la dépénalisation était également envisagée mais dans une moindre mesure. La recommandation portait sur la transformation du délit en une contravention de cinquième classe, avec la possibilité pour la juridiction de prononcer à la place une mesure sanitaire (injonction thérapeutique) ou sociale (stage de sensibilisation aux dangers des stupéfiants).

Cet avis paraissait donc satisfaisant. Cependant, le fait de continuer à plaider la condamnation de l'usage des autres drogues, alors qu'il est démontré que la répression de la consommation n'est pas dissuasive, reste critiquable. Militer pour une telle politique n'est pas signe d'encouragement pour la consommation de drogue ou de renforcement des trafics, bien au contraire. Cela permet aux agents de se libérer de ce contentieux et d'avoir davantage de temps pour se concentrer sur d'autres types d'infractions.

La dépénalisation et la décriminalisation de l'usage de cannabis apparaissent alors comme les évolutions législatives minimales à mettre en œuvre aujourd'hui. Néanmoins, ces politiques hybrides apparaissent toujours comme insuffisantes.

Section 2. L'insuffisance de ces politiques intermédiaires

Une fois la problématique liée à la consommation de cannabis réglée, il reste certaines questions en suspens. En effet, même si l'usage n'est plus sanctionné, les consommateurs vont continuer à se tourner vers le marché noir pour se procurer leurs doses. Il s'en suit alors une absence totale de contrôle du marché par l'État (§ 1), qui contribue au maintien de l'économie parallèle (§ 2).

§ 1. L'absence de contrôle du marché par L'État

Comme l'ensemble des activités illicites, le marché du cannabis est soustrait de tout contrôle étatique alors que des politiques permettraient son encadrement. Depuis deux décennies, des substances de plus en plus nocives apparaissent causant des dommages importants en termes de santé publique (A). C'est la raison pour laquelle certains États ont mis en place, parallèlement à la dépénalisation ou la décriminalisation de la consommation de cannabis, des instruments juridiques permettant la tolérance de sa culture (B).

A. La présence de substances nocives

Tout d'abord, il faut savoir que les effets néfastes du cannabis décrits auparavant[163] dépendent de la substance consommée. La concentration en THC de la résine ou de l'herbe a un impact certain sur les risques liés à la consommation : plus le produit est concentré en THC, plus les dangers sont élevés. Or, les études menées depuis plusieurs années démontrent que ces taux sont en constante augmentation depuis les années 2000.

L'OFDT[164] appréhende ces évolutions grâce au Système d'identification national des toxiques et substances (SINTES). Ce dispositif permet de mener des études sur la composition des drogues grâce aux analyses effectuées sur les saisies des services répressifs et sur les collectes de produits, réalisées auprès des usagers par des acteurs sociosanitaire. A partir de ces données, nous pouvons étudier l'évolution de la concentration de la résine et de l'herbe en THC.

Aujourd'hui, la concentration moyenne dans la résine de cannabis s'élève à 24% de THC, contre 9% en 2009. La te-

---

163 Partie 1, Chapitre 2, Section 2, Paragraphe 1, A *« La réalité de la dangerosité »*.

164 https://www.ofdt.fr/produits-et-addictions/de-z/cannabis/#prod.

neur du principe actif a doublé en 10 ans ! En comparaison, en 2017, l'herbe n'est composée en moyenne que de 10% de THC. Cependant, certaines variétés ou produits sont largement plus concentrés. Par exemple, en 2016, le taux maximaximum de THC relevé dans un échantillon de résine était de 58%. Actuellement, il est aussi aisé de trouver des herbes de cannabis ayant une substance active supérieure à 10%. Les processus agricoles de croisement, les conditions de cultures, permettent en effet d'obtenir des plants de cannabis fortement concentrés en THC. Le but pour les trafiquants est de vendre des produits plus forts et plus toxicomanogènes car ce sont ces derniers qui augmentent la dépendance des consommateurs et sont les plus rémunérateurs.

Dans ce but, les substances peuvent également être coupées. Pour améliorer l'apparence du produit ou augmenter les quantités vendues, la résine et l'herbe ne sont pas commercialisées pures. Généralement, le haschich est à la colle, au henné, à la cire, au plomb, à l'huile de vidange, à la paraffine… Mais l'herbe n'est pas exempte de pratiques similaires, puisqu'il a déjà été constaté qu'elle pouvait contenir des microbilles de verres afin d'augmenter son poids et son prix. Tous ces ajouts ne sont pas sans dangers sur la santé, sachant que dans ce modèle de distribution les dealers n'informent pas les consommateurs de la composition des produits, ni de leurs effets.

En somme, ces dangers s'ajoutent à ceux résultant de la seule consommation. Tous ces éléments additionnés constituent une problématique sanitaire pour les consommateurs, ce qui a incité certains États à mettre en place un système dépénalisant également l'auto-culture.

B. L'existence de politique de tolérance pour la production de cannabis

Pour contrer les effets pervers de la dépénalisation ou de la décriminalisation de la consommation de cannabis, certains pays ont choisi de mener une politique de tolérance en ce qui concerne la production de cannabis.

A la fin des années 1980, un mouvement est apparu au sein de l'UE avec les Cannabis Social Clubs (CSC). Ils existent toujours aujourd'hui et se présentent comme un moyen efficace d'apporter une réponse au défi que représente la production et l'offre de cannabis. Ce modèle repose sur une structure associative, à but non lucratif, au sein de laquelle les membres cultivent la plante. Le principe est d'adhérer à cette association et de pouvoir se procurer une quantité équivalente à sa consommation personnelle. Cela permet aux usagers de contrôler les substances qu'ils consomment : ils connaissent ainsi l'origine, la composition et la qualité des produits. Ces associations œuvrent également à la santé publique en menant des campagnes de prévention, des formations en matière de réduction des risques, ou encore des suivis des usagers en les orientant vers des structures sanitaires en cas d'abus.

Ce modèle s'est largement implanté en Espagne, même s'il a connu quelques déconvenues ces dernières années. La législation espagnole érige la culture et la vente de cannabis comme des infractions pénales, punies de 1 à 3 ans d'emprisonnement en l'absence de circonstances aggravantes. Mais le pays est composé de communautés autonomes qui jouissent d'une autonomie pour gérer leurs intérêts propres. C'est sur ce principe que plusieurs de ces régions ont pris la décision d'encadrer les CSC, afin d'apporter une base légale à leur existence[165]. Néanmoins, le

[165] Région de Navarre, Catalogne, Pays-Basque…

gouvernement espagnol a déposé plusieurs recours contre ces lois et la Cour constitutionnelle Espagnole s'est prononcée sur leur inconstitutionnalité[166]. En effet, elle considère que ces législations violent la compétence exclusive de l'État en termes de législation pénale. Même si les régions possèdent des compétences autonomes en matière d'association, ces dernières ne peuvent conduire à la mise en œuvre d'activités criminelles telles que la vente ou la production de cannabis. Les CSC espagnols sont donc jugées criminelles et les communautés autonomes ne peuvent plus rien mettre en œuvre pour les protéger.

En France, ces CSC avaient fait leur apparition dans les années 2014-2016, mais les autorités judiciaires y ont mis un terme assez rapidement. Par exemple, la Cour d'appel de Limoges s'est prononcée sur la légalité de ces activités et notamment du « Cannabis Social Club 23-1 »[167]. Les statuts de l'association prévoyaient qu'elle avait pour but de « *permettre à ses adhérents de se procurer leur consommation personnelle de chanvre par autoproduction, de fournir aux adhérents du chanvre de qualité, de conseiller et informer les adhérents sur des pratiques de consommation saines* » et que l'adhésion permettait *« La culture et l'entretien d'un nombre de plants de chanvre {…} correspondant à la consommation des adhérents »*. L'association indiquait qu'elle œuvrait en coopération avec les pouvoirs publics dans la lutte contre le trafic et que ses activités s'inscrivaient dans une politique de prévention. Néanmoins, la Cour d'appel a considéré à juste titre, qu'en l'état du droit positif l'association devait être dissoute.

Par ailleurs, certains États tolèrent la production privée d'une petite quantité de cannabis. C'est le cas par exemple des Pays-Bas et de l'Allemagne. Les directives générales du

---

166 Cour constitutionnelle Espagnole, 14 décembre 2017, décision relative à la loi Floral du 2 décembre 2014 réglementant les groupes de consommateurs de cannabis en Navarre.

167 Cour d'appel Limoges, 18 décembre 2014, n°13/01042.

parquet néerlandais, préconisent un classement sans suite lorsque le nombre de pieds de cannabis n'est pas supérieur à cinq[168]. Lorsque ce quota est dépassé, il n'y a pas non plus nécessairement une condamnation. Pour que ce soit le cas, il faut que la production soit caractérisée de « professionnelle ». En fonction d'un faisceau d'indice, type d'éclairage, existence de système d'arrosage ou de ventilation, localisation de la culture, le procureur apprécie s'il y a lieu de poursuivre ou non. De la même manière, la loi allemande donne la possibilité aux autorités de ne pas sanctionner ou d'interrompre les poursuites dans le cas de culture en petite quantité destinée à la consommation personnelle[169].

La majorité des pays n'ont néanmoins pas pris cette direction, ayant certainement peur que de telles politiques de tolérance conduisent à une légalisation du cannabis. Cependant, il semble qu'autoriser la consommation de drogue mais pas son approvisionnement soit une politique contradictoire. En effet, dans ce contexte, ce dernier contribue ainsi au maintien du marché parallèle.

§ 2. Le maintien du marché parallèle

La dépénalisation de la consommation de drogue ne permet pas d'endiguer le trafic de drogue. Dominé par un climat de violence, ce marché parallèle est une source d'insécurité publique pour l'ensemble des citoyens (A). De plus, l'ensemble des gains profite aux trafiquants et échappe officiellement à l'État français lequel enregistre donc un manque à gagner (B).

---

168 Hors cas de consommation personnelle, le régime est le même que pour la vente de cannabis aux Pays-Bas : la culture professionnelle de cannabis expose à une peine de prison de 6 ans et d'une peine d'amende de 78 000€.

169 La culture de cannabis est punie de 5 ans de prison en Allemagne.

A. Le trafic source d'insécurité publique

Lorsqu'une activité fait l'objet d'un interdit, les trafics apparaissent et se caractérisent par leur violence. Comme l'explique Francis Caballero[170] la prohibition est source d'insécurité publique. Ce dernier fait un parallèle avec des pays comme la Colombie, le Mexique, où les cartels font régner la violence et menacent la sécurité des citoyens. La comparaison est excessive même si la France n'est évidemment pas épargnée par ces phénomènes.

Les trafiquants de cannabis n'ont jamais été aussi puissants. Cela se matérialise par l'argent qu'ils brassent, mais également par la violence qu'ils font régner dans certains quartiers, souvent désignés par le terme de « zones de non droit » en politique. Dans ces lieux rendus inaccessibles aux services répressifs par les dealers, l'argent de la drogue apparaît comme la seule perspective d'avenir. Les forces de l'ordre font régulièrement l'objet d'attaques systématiques, rendant leurs déplacements compliqués ou seulement avec des renforts importants. La tension est alors palpable dans les deux camps, contribuant à une escalade de la violence. L'argent de la drogue alimente également d'autres activités criminelles. C'est par exemple le cas pour le trafic d'armes, pour lequel il est constaté une évolution constante du nombre des saisies effectuées à côté des saisies de drogue. Ces armes sont utilisées pour sécuriser le trafic et finissent malheureusement par servir, comme l'illustrent les faits divers meurtriers sur fond de règlement de compte.

En dehors des espaces de deal, il existe également des dangers liés au transport de ces marchandises illicites. Depuis quelques années, on assiste à l'apparition de *go fast*, des convois automobiles roulant à grande vitesse pour approvisionner la France en cannabis. Les véhicules utilisés sont le

170 CABALLERO (F.), *Legalize it !*, Esprit Frappeur, 2012, p 103 à 111.

plus souvent des berlines surpuissantes afin d'échapper aux services policiers. Empruntant les autoroutes depuis l'Espagne, ces conducteurs mettent en danger l'ensemble des automobilistes.

Outre l'insécurité que crée la prohibition, elle est également moteur de délinquance. Le développement de ces activités s'explique par leur attractivité financière. De ce fait, il est aisé de trouver des jeunes prêts à participer à ce business. On trouve de très nombreux mineurs impliqués dans ces trafics : les plus jeunes sont alors des guetteurs et ils deviennent en grandissant à minima des revendeurs. Le raisonnement est simple, le but est de gagner de l'argent ce qui permet parfois de faire vivre l'ensemble de leur famille. C'est ce qui explique également que certains parents ferment les yeux sur les activités de leurs enfants. L'ensemble de l'économie de ces quartiers repose donc sur l'économie souterraine qui leur permet de se procurer les produits de première nécessité, mais également des produits plus élaborés (vêtements de marques, produits high-techs...).

Le quartier du Tonkin, à Villeurbanne, est considéré comme une « zone de non droit » par certains de ces habitants. Pour faciliter le travail des policiers, dont l'arrivée est souvent annoncée par les guetteurs, des caméras de surveillance ont été installées. Cependant, certaines ont été détruites, dont l'une à la voiture bélier et retrouvée incendiée dans un parc attenant. Le quartier héberge environ 30 000 habitants et compte aujourd'hui plus de quinze points de vente réguliers de drogue, contre deux en 2008. La plupart des échanges se font classiquement dans les immeubles, mais également à la vue de toute la société : aux abords des transports en commun, aux carrefours... Des habitants dénoncent même l'utilisation d'enseignes par certains dealers pour annoncer leur présence. Ce qui est le plus dérangeant pour eux, n'est pas le commerce de cannabis proprement dit, mais les nuisances liées à l'occupation constante des lieux publics.

L'ensemble de la ville est touché par ce phénomène et c'est ce qui a poussé le maire à organiser une consultation citoyenne sur les problématiques liées au trafic de cannabis. Il est ressorti que sur 1 400 habitants ayant participé à un vote, 51% de la population se déclarait favorable à la légalisation du cannabis. Ces personnes veulent trouver des solutions pour que cessent ces trafics et que des nouvelles perspectives d'avenir soient données aux jeunes de ces quartiers.

En fait, la simple dépénalisation de la consommation de cannabis ne permettra pas de faire diminuer le marché noir puisqu'il restera nécessaire à l'approvisionnement. Au contraire, cela pourrait même conduire à un renforcement de l'économie parallèle entraînant un manque à gagner pour l'État.

B. Un manque à gagner pour l'État

Le marché du cannabis génère une économie importante, comme cela a été étudié précédemment[171]. Cependant, avec la prohibition, les gains de ce marché constituent l'un des principaux financements du crime organisé au regard du nombre de consommateurs. Le deal de drogue permet alors de financer toutes les autres activités des sociétés criminelles.

Selon les dernières estimations, le cannabis rapporterait 1,1 milliard d'euros[172] au crime organisé. Même si ces chiffres sont certainement sous-estimés en raison de la clandestinité de ces affaires, il faut avoir à l'esprit que cet argent échappe complètement à l'État français. La dépénalisation ne permet pas de remédier à ces problématiques, seule la légalité de ces activités entraînerait de nouvelles recettes fiscales. Cette politique aurait alors le mérite de mettre en place

---

171 Partie 1, Chapitre 2, Section 1, Paragraphe 1, B « *L'augmentation du trafic illicite* ».

172 OFDT, *Drogues et addictions : données essentielles*, 7ème édition, publié le 18 avril 2019, p 67-68.

une nouvelle filière en France dont les retombées économiques et industrielles seraient très favorables. En effet, à l'instar du tabac et de l'alcool, l'ouverture de ce marché autoriserait la création de nouveaux emplois légaux et rapporterait de l'argent aux caisses de l'État.

Une étude a été menée en 2016 sur l'impact de la légalisation sur les finances publique[173]. Cependant, les prévisions sont calculées sur des chiffres datant de 2005 qui ne correspondent plus à la réalité actuelle. A l'époque, les estimations aboutissaient à un total de 276,6 tonnes de cannabis consommées sur l'année. Le Conseil d'analyse économique (CAE) a donc actualisé ces chiffres[174] et estime à 500 tonnes la quantité de cannabis consommée en France en 2017. Le CAE estime alors à 2 milliards d'euros les recettes fiscales d'un tel marché, si le tarif appliqué au gramme est de 9euros comprenant un taux de TVA de 20%. Il analyse ce prix comme celui permettant une bonne rémunération des producteurs et distributeurs, mais également le retour d'un pécule dans les caisses de l'État. Ces chiffres sont basés sur les résultats économiques et les pratiques des pays ayant passé le cap de la légalisation. Par exemple, au Colorado où le cannabis a été légalisé en 2012, le business se chiffre à 1,5 milliards de dollars pour l'année 2017. Cela correspond alors à plus de 250 millions de dollars de taxes pour l'État et a permis la création de 50 000 emplois.

La légalisation entraîne nécessairement la création d'emplois dans plusieurs secteurs de l'économie : l'agriculture, l'industrie et le commerce[175]. Tout d'abord, concernant l'agriculture, il est possible d'imaginer qu'une

---

[173] BEN LAKHDAR (C.) et KOPP (P-A.), « Faut-il légaliser le cannabis en France ? Un bilan socioéconomique », *Économie & Prévisions*, n°213, 2018, p 19 à 39.

[174] AURIOL (E.) et GEOFFARD (P-Y.), CAE, « Cannabis : comment reprendre le contrôle ? », *Les notes du conseil d'analyse économique*, n°52, juin 2019.

[175] CABALLERO (F.), *Legalize it !*, Esprit Frappeur, 2012, p 72 à 76.

telle culture constitue de nouvelles perspectives d'avenir pour les agriculteurs qui rencontrent des difficultés. De plus, le secteur industriel pourrait intervenir lors des processus de conditionnement de ces marchandises particulières : production des emballages, des étiquetages, conditionnement... Enfin, en ce qui concerne le commerce, ce nouveau marché nécessiterait la création d'un réseau de distribution avec la mise en place de points de vente. Il y a donc nécessairement une création d'emploi directe importante, à laquelle s'ajoutent les personnes participant à la construction, à l'entretien des locaux, au transport des marchandises cannabiques... Le CAE évalue le nombre d'emploi créé au nombre de 27 500 à 57 000, ce qui rapporterait 250 à 530 millions de cotisations sociales si l'ensemble des personnes étaient rémunérées au SMIC.

Les avantages économiques sont donc certains, et le CAE mentionne même que ces chiffres sont sous-évalués car ils reposent sur les déclarations volontaires des consommateurs. Dès lors, le maintien de la prohibition au côté de la dépénalisation de la consommation, apparaît comme déraisonnable. Les profits continuent à alimenter le crime organisé, alors qu'ils pourraient remplir les caisses de l'État.

Au regard de l'ensemble de ces éléments, nous pouvons conclure que la dépénalisation de la consommation de cannabis apparaît comme la politique minimale à mettre en œuvre en France. La suppression de l'article L3421-1 du CSP s'impose naturellement, au regard des législations étrangères mais également des préoccupations de santé publique.

Cependant, alors que le pays a un retard considérable sur cette question en faisant partie des derniers pays européens considérant l'usage de drogue comme une infraction, il a choisi de renforcer sa politique prohibitionniste. Plutôt que de supprimer une infraction engorgeant les tribunaux et les services de polices, l'État a mis en place une nouvelle procédure systématisant la répression des usagers.

Le gouvernement actuel ne semble donc pas enclin à changer de position en la matière. Mais, si tel était le cas, ce dernier devrait s'interroger sur les avantages et désavantages de ces politiques. La dépénalisation de l'usage et de la détention pour consommation personnelle est insuffisante. Ce type de politique laisse le marché du cannabis aux acteurs illégaux sans proposer de véritables solutions. La prolifération de substances nocives, l'enrichissement des trafiquants, le maintien de l'insécurité et le manque à gagner pour l'État constituent des arguments incontestables pour la mise en œuvre d'une politique plus ambitieuse.

Cette dernière se matérialise alors au travers d'un système de régulation, permettant à l'État de contrôler l'ensemble de la chaîne. Par le biais de la légalisation du cannabis, la consommation du stupéfiant est contrôlée dans son ensemble. Bien plus encore, cette politique engendre des retombées économiques à travers la création de divers emplois et la possibilité de taxer ces produits.

Chapitre 2. Le souhait d'une évolution pragmatique : vers une politique de légalisation contrôlée

La prohibition, la dépénalisation, la décriminalisation de la consommation de cannabis sont des politiques conformes aux exigences internationales. Elles ne répondent cependant pas aux enjeux de nos sociétés modernes. Mais une dernière possibilité subsiste, plébiscitée par certains gouvernements dans la dernière décennie : la légalisation du cannabis.

La légalisation peut se définir comme « *la consécration d'une pratique jusqu'alors illicite* »[176]. Plus ambitieuse qu'une simple dépénalisation, elle implique la liberté de produire, de faire commerce et d'user du cannabis. Pour autant, la nature du cannabis ne change pas : il reste un stupéfiant susceptible d'abus nuisibles pour les consommateurs et la société. N'étant pas une marchandise ordinaire, la mise en œuvre d'un statut particulier est nécessaire. En ce sens, la légalisation n'exclut pas le contrôle de l'État qui peut imposer et organiser de manière plus ou moins restrictive l'exercice de ces activités. Comme pour le tabac et l'alcool, l'État doit avoir un rôle régulateur. On parle alors de légalisation contrôlée du cannabis. Cette politique peut prendre différentes formes : autoriser tous les usages ou ne tolérer que le cannabis thérapeutique.

---

176 BERGERON (H.), COLSON (R.), *Les drogues face au droit*, Presses Universitaires de France, 2015, p 100.

En France, les débats sur ces questions se sont intensifiés ces dernières années. La légalisation du cannabis thérapeutique semble en bonne voie et l'opinion publique évolue favorablement vis-à-vis d'un usage récréatif.

Dans les deux cas, la légalisation permet à l'État d'encadrer la production et la distribution de la substance (Section 1). Ces deux éléments sont essentiels pour préserver les deux objectifs de cette législation : la préservation de la santé publique et l'assèchement du marché noir. Un monde sans drogue paraissant utopique, la légalisation du cannabis récréatif apparaît également comme une politique satisfaisante pour réguler sa consommation (Section 2).

Par le biais de ces différents aspects, il y a peut-être matière à la mise en œuvre d'une politique de légalisation pragmatique.

Section 1. Légaliser pour encadrer la production et la distribution

Le contrôle de la production et de la vente du cannabis est la clé de voute de la réussite de la politique de légalisation. C'est en effet en contrôlant et régulant ces deux secteurs du marché que l'État peut prétendre éclipser le crime organisé et mener une véritable politique de santé publique. Mais selon le rôle plus ou moins important de l'État dans ce contrôle, ce dernier peut avoir un impact direct sur les résultats de la politique mise en place.

En Uruguay, le monopole d'État instauré à tous les échelons a été un frein dans le processus de légalisation. Le développement du marché a été ralenti en raison des exigences administratives, mais également des modalités de mise en œuvre non réfléchies préalablement (délimitation des zones de production, sécurisation, choix des variétés…). Aujourd'hui, alors que le pays a légalisé le cannabis récréatif depuis 2014, seules deux entreprises sont autorisées à produire une tonne de cannabis par an[177], pour un marché estimé entre 35 et 40 tonnes. Par ailleurs, ce sont les pharmacies qui ont été choisies comme lieu de distribution. Les premières ventes étaient prévues pour 2015, elles n'ont débuté qu'en 2017. Aujourd'hui, pour des raisons éthiques et pratiques[178], seules une dizaine d'officines ont accepté de participer à ce marché. Avec une offre insuffisante et des modalités de mises en œuvre très contraignantes, la politique uruguayenne n'a pas réussi à mettre en place un dispositif satisfaisant.

A contrario, la légalisation du cannabis s'est développée très rapidement dans les États du Colorado et de Washington. Un contrôle de l'État a été instauré mais ce dernier n'a pas constitué un monopole au sens littéral du terme et n'a pas entravé l'essor de la production, de la distribution, confiées à des entrepreneurs privés. Cependant, d'autres problématiques sont apparues. Le libéralisme et la place laissée aux fluctuations du marché ont conduit à l'apparition d'un véritable business du cannabis. Les entreprises privées sont gouvernées par des politiques concurrentielles et ne recherchent que l'augmentation de leurs profits. Ainsi, même si le marché s'est très bien développé, c'est au détriment des préoccupations de santé publique.

En somme, la légalisation contrôlée du cannabis doit être une politique bien réfléchie. Un contrôle rigoureux de l'État est essentiel notamment pour éviter les dérives étatsuniennes, mais ne doit pas non plus être trop rigide pour ne pas reproduire la politique uruguayenne. Il faut donc trouver un juste milieu. Le Canada s'est efforcé à développer une troisième voie, à la frontière des deux systèmes présentés

---

177 INHESJ et OFDT, *Une analyse comparée des expériences de régulation du cannabis (Colorado, État de Washington, Uruguay)*, octobre 2017, p 19.

178 Les renouvellements de stocks sont encadrés : ils ne peuvent intervenir que tous les quinze jours, créant ainsi des pénuries.

précédemment. Le but est alors de concilier prévention et santé publique d'une part et intérêts économiques d'autre part.

En s'appuyant sur l'ensemble de ces législations, une réflexion peut être engagée pour une politique réaliste de légalisation thérapeutique ou récréative. Pour concilier les objectifs précédemment cités, l'État doit impérativement opérer un contrôle de l'exploitation de la plante (§ 1) jusqu'à sa distribution. En effet, cela débouche sur la mise en œuvre d'un réseau de distribution sécurisé (§ 2).

L'ensemble de ces secteurs ont un impact direct sur les consommateurs, puisqu'ils conditionnent l'usage même du cannabis. C'est en cela que la légalisation apparaît comme le système le plus abouti.

§ 1. La possibilité d'un contrôle dès l'exploitation de la plante

L'intérêt de la légalisation, thérapeutique ou récréative, repose sur la possibilité de contrôler l'ensemble des activités liées à cette marchandise mais également la consommation en elle-même. Quel que soit le modèle d'organisation adopté (public ou privé) pour qu'un tel encadrement soit possible il est nécessaire qu'une autorité de régulation soit mise en œuvre (A). Les prérogatives de cette entité débuteraient alors dès l'exploitation de la plante, ce qui sous-entend que la production soit subordonnée à une autorisation préalable (B).

A. La mise en œuvre d'une autorité de régulation

La mise en œuvre d'une légalisation du cannabis nécessite l'existence d'une entité nationale. La création d'un monopole sanitaire et social du cannabis paraît donc essentiel. L'objectif est de permettre à cette agence, en concertation avec les autorités, de définir l'ensemble des règles relatives à la légalisation du cannabis et d'en contrôler le respect.

Ce type d'institution se retrouve dans l'ensemble des pays qui ont passé le cap de la légalisation. Là où la légalisation du cannabis thérapeutique a été actée, ce sont les institutions de santé qui ont été désignées pour contrôler ces activités. Par exemple en Allemagne, il s'agit de l'institut fédéral pour les médicaments et les appareils médicaux, l'équivalent de l'ANSM. Mais dans les États où la légalisation du cannabis récréatif est intervenue, de nouvelles administrations ont été créées.

L'Uruguay a mis en place un organisme, *l'Instituto de regulación y control del cannabis*, qui a pour mission la mise en œuvre et la régulation du marché, notamment en délivrant des licences et en gérant les enregistrements des usagers. Aux Etats-Unis, ce rôle a été dévolu aux institutions préexistantes pour l'alcool.

Dans l'État de Washington, l'ancienne agence[179] a été rebaptisée *Liquor and Cannabis Board*, tandis qu'au Colorado une division spéciale a été créée au sein de l'administration fiscale, *Marijuana Enforcement Division.*

Enfin, il existe plusieurs organisations au Canada ; le contrôle de la production est dévolu à Santé Canada au niveau fédéral, mais il existe également au niveau des provinces et territoires des organisations chargées de régir les modalités d'encadrements du marché. Ces dernières, tout comme aux États-Unis, ont généralement été confiées directement aux Sociétés des alcools de ces territoires, lesquelles ont parfois créé des filiales (Québec)[180].

---

179 *Liquor Control Board.*

180 La Société québécoise du cannabis est une filiale de la Société des alcools du Québec.

En France, nous pouvons imaginer la création d'une agence nationale regroupant les deux usages du cannabis : un pôle dédié au cannabis thérapeutique et un autre relatif au cannabis récréatif. Cependant, au regard du modèle Canadien, l'ANSM apparaît comme l'autorité la plus à même de réglementer le cannabis médical. En ce sens, la législation doit accorder à l'ANSM le statut d'autorité de contrôle en matière de cannabis thérapeutique et l'État doit créer une nouvelle agence spécialisée dans le cannabis récréatif, l' « Agence Nationale du Cannabis ».

Autorités de régulation, elles doivent pouvoir intervenir au niveau de tous les secteurs du marché, de la production jusqu'à la consommation. Le but est de pouvoir mettre en œuvre des politiques protectrices pour les consommateurs, quels qu'ils soient. En ce sens, la première étape d'encadrement est la subordination de la production à une autorisation préalable.

B. La production subordonnée à une autorisation préalable

La question de la culture du cannabis est le premier point à penser lorsque l'on envisage la légalisation contrôlée du stupéfiant dans un but thérapeutique ou récréatif. Dans cette optique, l'importation serait une solution possible mais constituerait un manque à gagner pour les agriculteurs et l'économie française. De ce fait, la production doit être permise sur le sol français mais cette autorisation ne doit pas être générale.

Le contrôle de la culture est essentiel pour la réussite de cette politique. Il se matérialise par le pouvoir de l'État, par le biais de ses agences nationales, d'octroyer des autorisations d'exploitation. L'administration définit des régions productrices dans lesquelles peuvent être délivrés les permis de culture. Il semble naturel de privilégier les régions où cette plantation existe pour la production de chanvre industriel. En autorisant ou refusant la production après l'examen de chaque dossier, les institutions nationales bénéficient d'un droit de regard sur ces nouvelles exploitations. Elles ont donc la possibilité de choisir les producteurs, mais également de réglementer les conditions dans lesquelles se pratiquent les cultures cannabiques.

L'un des arguments militant en faveur de la légalisation est l'amélioration des produits pour les consommateurs. A l'instar de toute autre production agricole, la plante de cannabis peut être cultivée de différentes manières : en extérieur ou en intérieur, de manière intensive ou extensive, biologiquement ou non... Cependant, l'ensemble de ces procédés ne sont pas tous susceptibles de répondre à l'exigence qualitative. La production placée sous le contrôle étatique doit pouvoir répondre à cet objectif : la qualité avant la quantité. Cette perspective faisait d'ailleurs parti du rapport Vaillant[181], préconisant « *la création de petites unités production* ». L'idée est de limiter la taille des exploitations afin d'éviter l'apparition de culture s'étendant sur plusieurs hectares et nécessitant une culture intensive. Cette recommandation est satisfaisante pour plusieurs raisons.

Tout d'abord, ces petites propriétés sont propices à une agriculture biologique, s'inscrivant dans le respect de l'environnement. La plante de cannabis ne doit pas être cultivée grâce à des engrais ou des pesticides, ce qui ne semble pas poser problème sachant que le chanvre est une plante robuste. De surcroît, la production doit se faire sans l'aide de lampes utilisées pour reproduire les rayons du soleil ou accroître les rendements car elles consomment une énergie considérable. Néanmoins, dans le cadre du cannabis thérapeutique, les modalités doivent être quelques peu différentes.

---

181 Rapport du groupe de travail Socialiste, Radical, Citoyen, présidé par VAILLANT Daniel, *La légalisation contrôlée du cannabis*, 5 juillet 2011.

La culture sous serre est obligatoire afin d'éviter toutes contaminations, pollinisations extérieures, et l'utilisation de lampe peut être envisagée dans le cas particulier des cultures en laboratoire.

Ensuite, une telle production laisse craindre des actes délinquants et notamment des vols. Les petites exploitations sont plus faciles à sécuriser grâce à des systèmes de surveillances, des clôtures… Sur ce point, le rapport Vaillant[182] envisageait la culture sous serre pour assurer leurs pérennités. Une fois la récolte effectuée, se pose également la question du stockage qui est lui aussi susceptible d'attirer toutes les convoitises. Pour éviter ces risques, les quantités stockées sur ces exploitations doivent être limitées en fonction de leur taille et de leur niveau de sécurité. L'excédent peut être soit recueilli dans des locaux spécialisés de l'agence nationale habilitée, soit collecté par les distributeurs. De manière générale, l'idée est de privilégier une production de qualité, permettant à des agriculteurs moyens de diversifier leurs activités et d'améliorer leurs revenus.

En pratique, les dispositions particulières propres à chaque exploitation agrée pourraient faire l'objet d'un contrat avec l'État. C'est d'ailleurs le modèle utilisé dans l'ensemble des pays. Dans ce cas, les deux agences nationales délivrant les permis d'exploitation, définiraient les conditions de la culture cannabique dans un contrat de culture[183]. Ce dernier mentionnerait également les graines de cannabis pouvant être exploitées, c'est-à-dire les variétés autorisées. L'intérêt est de pouvoir contrôler les différents produits proposés aux consommateurs à travers les différents taux cannabinoïdes. En effet, qu'il soit à usage thérapeutique ou à usage récréatif, il est possible de limiter les pourcentages de

---

182 Rapport du groupe de travail Socialiste, Radical, Citoyen, présidé par VAILLANT Daniel, *La légalisation contrôlée du cannabis*, 5 juillet 2011.

183 CABALLERO (F.), *Legalize it !*, Esprit Frappeur, 2012, p 198.

CBD et de THC. En ce qui concerne le cannabis récréatif, cela permet à l'État de mener une politique de santé publique et de limiter les effets psychoactifs de la substance. En Uruguay, le taux maximal autorisé est de 15% de THC, taux également envisagé aux Pays-Bas. Le seuil ne doit pas être trop bas, pour éviter que les consommateurs ne se détournent du marché légal pour retourner s'approvisionner sur le marché noir. En se référant aux moyennes nationales précédemment citées[184] (24% de THC dans la résine et 10% dans l'herbe), un taux maximum compris entre 15% et 20% de THC semble acceptable. L'offre cannabique doit également être suffisamment variée, c'est-à-dire qu'un grand nombre de variétés doivent être produites et présentes sur le marché. Par exemple, au Canada, 150 variétés ont été autorisées même si certaines n'ont pas encore été commercialisées faute de production. Concernant le cannabis thérapeutique, les taux dépendent des pathologies nécessitant soit des taux égaux de THC et CBD, ou une prédominance de l'un des deux cannabinoïdes.

Par ailleurs, si la production est subordonnée à une autorisation, l'auto-culture doit être incriminée. Le maintien des sanctions pénales est donc obligatoire pour les cultures effectuées en dehors du circuit légal de production et alimentant les trafics. Cependant, une évolution de l'article 222-35 du code pénal sanctionnant la production illégale de stupéfiant semble nécessaire. En effet, la peine de 20 ans de réclusion criminelle est disproportionnée. Francis Caballero proposait une peine de 3 ans d'emprisonnement en ce qui concerne le cannabis, mais une sanction aussi faible ne semble pas propice à dissuader de telles pratiques. Aujourd'hui, tous les actes liés au trafic de drogue sont punis de 10 ans d'emprisonnement[185]. Il est donc logique que cette

---

184 Partie 2, Chapitre 1, Section 2, Paragraphe 1, A « *La présence de substances nocives* ».

185 Article 222-37 du Code pénal.

peine s'applique également à la production des drogues et donc au cannabis. Se pose alors une dernière question, liée à l'opportunité de mettre en place une tolérance pour celui qui cultive quelques plants pour sa consommation personnelle. Par exemple, la loi fédérale canadienne permet ce type de pratique en autorisant 4 plants maximum par foyer. Deux régions l'ont néanmoins interdite : le Québec et le Manitoba. Néanmoins, cette possibilité semble contraire aux objectifs poursuivis par la légalisation : contrôle des quantités et des variétés, risque d'approvisionnement du trafic... De ce fait, il convient de maintenir l'interdiction de l'auto-culture même en quantité minime.

Enfin, le monopole d'État ne doit pas être excessif, avec des conditions d'exploitation trop restrictives, pour ne pas commettre les mêmes erreurs que l'Uruguay. Sans négliger celles-ci, il faut qu'un nombre suffisant de producteurs soient retenus afin de ne pas connaitre de pénurie comme c'est le cas en Uruguay ou au Canada. C'est ce que relève le CAE qui considère que le contrôle « *ne doit pas signifier un rationnement de la production. Au contraire, elle doit être suffisante et de qualité* »[186].

La légalisation et la mise en œuvre d'une autorité de régulation permet donc d'encadrer tout le processus de production, de la graine jusqu'au producteur. De surcroît, elle permet également de contrôler la vente de cannabis, avec la mise en œuvre d'un système de distribution sécurisé.

---

[186] AURIOL (E.) et GEOFFARD (P-Y.), CAE, *Cannabis : comment reprendre le contrôle ?*, Les notes du conseil d'analyse économique, n°52, juin 2019.

§ 2. La mise en œuvre d'un système de distribution sécurisé

Le contrôle de la distribution de cannabis est un élément central de la politique de légalisation. En fonction des usages, si la substance est autorisée, les consommateurs doivent pouvoir s'approvisionner auprès de distributeurs. Ces derniers, intermédiaires entre les producteurs et les usagers, ont un rôle majeur dans la réussite d'un tel système. Les modalités de mise en œuvre peuvent alors être différentes, selon l'usage auquel est destiné le stupéfiant.

Dans tous les États où le cannabis thérapeutique est légal, la mise à disposition de ce dernier se fait par le biais des pharmacies. Considéré comme un véritable médicament, la prescription et la délivrance de ce dernier ne peuvent se faire que par la profession médicale (A).

En ce qui concerne le cannabis récréatif, plusieurs types de distribution peuvent être envisagés si nous nous inspirons des législations étrangères. Dans tous les cas, il est nécessaire que l'État conserve un droit de regard sur ce marché afin que les entreprises privées, toujours en quête de nouveaux profits et de nouveaux consommateurs, n'en prennent pas le contrôle. L'intérêt est de permettre à l'État, encore une fois par l'intermédiaire de son agence nationale, de maîtriser la vente du cannabis récréatif (B).

A. La profession médicale comme distributeur de cannabis thérapeutique

Le cannabis thérapeutique est légal dans de nombreux États. Ces législations sont possibles car comme étudié précédemment[187], le cannabis est autorisé dans le cadre médical par les traités onusiens. Son utilisation n'y est pas strictement

---

187 Partie 1, Chapitre 1, Section 1, Paragraphe 2, A « *Possibilité d'utilisation à des fins médicales et scientifiques* ».

encadrée et les pays disposent d'une certaine latitude pour la mise en œuvre de ces politiques. Par conséquent, il existe une grande diversité de systèmes. Alors que certains ont des politiques très libérales, d'autres encadrent de manière très restrictive l'accès à la substance.

Lorsque la légalisation du cannabis à visée médicale est envisagée, il faut réfléchir au préalable sur les conditions d'accès à la substance. Même si dans ce système il est considéré comme un médicament, il reste une nouvelle fois un stupéfiant. Dans la majorité des pays, sa prescription n'est autorisée que pour des pathologies spécifiques en dehors desquelles l'accès est interdit. De plus, certains mettent en place des restrictions concernant les prescripteurs : seuls les spécialistes peuvent délivrer une ordonnance pour ce type de produits. Enfin, les modes d'administrations peuvent également être réglementés : plusieurs privilégient la seule voie orale, tandis que d'autres admettent également l'inhalation. Il faut relever que certains s'affranchissent de l'ensemble de ces conditions, comme par exemple l'Allemagne et les Pays-Bas. Dans ces pays, le cannabis peut être prescrit par tout médecin, aucune indication pathologique n'est prévue et la voie d'administration est libre.

En France, l'ensemble des médicaments ne font pas l'objet du même encadrement. En effet, une partie d'entre eux doivent être prescrits par ordonnance pour pouvoir être délivrés en pharmacie. La nécessité d'une ordonnance se justifie par la composition des produits, leurs propriétés addictogènes ou encore les risques liés à leurs abus. Selon l'importance de ces critères, le médicament peut nécessiter une ordonnance simple ou sécurisée. Aujourd'hui, l'ordonnance sécurisée est obligatoire pour tout médicament ou produit classé comme stupéfiant[188]. Ainsi, les spécialités pharmaceutiques à base de cannabis qui bénéficieraient

188 Article R5132-5 du Code de la santé publique.

d'une autorisation de mise sur le marché (AMM) doivent être soumises à cette procédure. A fortiori, si le SATIVEX était commercialisé, sa délivrance serait soumise à cette prescription par un médecin spécialiste, limitée à une durée de 4 semaines. La question se pose alors de savoir si la plante de cannabis, dans une optique de légalisation thérapeutique, doit être soumise à un système aussi contraignant.

Le cannabis reste un stupéfiant. Il est donc nécessaire de mettre en place un encadrement suffisant pour ne pas donner lieu à des dérives. Sa délivrance sous ordonnance semble donc être le meilleur moyen d'encadrer son emploi, tout comme la limitation à certaines pathologies. Cette réglementation doit se faire en fonction des connaissances scientifiques relatives à ses bienfaits thérapeutiques. Pour autant, il ne faut pas que la liste soit trop restrictive pour ne pas entraver l'accès de la substance à certains malades.

Dans le projet d'expérimentation français, la prescription est réservée aux médecins spécialistes dont l'ordonnance peut être renouvelée par un généraliste. Pour autant, ces derniers ne doivent pas être écartés notamment pour des pathologies bénignes comme les problèmes de sommeil. Il est donc indispensable d'enseigner ces nouvelles thérapies en faculté de médecine et d'envisager des formations adéquates pour que les prescripteurs connaissent les possibles interférences médicamenteuses, contres indications, effets secondaires…

Pour les modes d'administration, la combustion doit être naturellement écartée. C'est d'ailleurs une des raisons pour lesquelles le cannabis médical doit être légalisé car la plupart des malades le consomment de cette manière. La voie orale et l'inhalation présentent chacune leur intérêt. La voie orale présente l'avantage d'un effet durable, prolongé et peut se matérialiser sous la forme de solutions buvables, gélules, comprimés… Alors qu'avec l'inhalation, les effets se font ressentir rapidement, sans la nocivité de la combustion. De ce fait, les deux doivent être permises, comme le préconise le projet d'expérimentation français. Des recherches sont en cours sur de nouveaux modes d'administration, notamment par voie oculaire sous forme de collyre pour le glaucome, par voie cutanée sous forme de patch, ou encore par voie rectale sous forme de suppositoire.

Étant considéré comme une alternative médicamenteuse, les pharmacies sont le lieu privilégié d'une telle distribution. Les pharmaciens ont alors un rôle pédagogique auprès des patients. Ils doivent être aptes à les conseiller et les accompagner, ce qui implique une formation spécialisée à cette nouvelle médecine.

Le modèle présenté laisse une question en suspend : la possibilité d'un remboursement par la sécurité sociale et les mutuelles de ce type de traitement. Dans certains pays, les assurances les prennent en charge mais ces cas sont rares.

Pour terminer, il convient de revenir sur l'expérimentation du cannabis thérapeutique en France, ne constituant pas pour le moment une légalisation. Mais, dans tous les cas, elle nécessitera la modification de l'article R5132-86 du CSP qui comme étudié précédemment, n'autorise pour l'instant que les spécialités pharmaceutiques bénéficiant d'une AMM. Ce dernier devra alors mentionner que sont également autorisées les opérations qui portent sur des préparations à base de cannabis ou sur les fleurs séchées du cannabis (dans le cadre de la vaporisation), et préciser les modalités de prescription.

Au-delà de ses vertus thérapeutiques, la substance est largement utilisée pour ses propriétés psychotropes. La légalisation de cet usage permet alors la maîtrise de la vente du cannabis récréatif.

B. La maîtrise de la vente du cannabis récréatif

La légalisation du cannabis, dans sa conception la plus libérale, implique le libre commerce de la substance à des fins récréatives. Dans ce cas, il est possible d'imaginer différents acteurs pour son commerce. Mais, quels qu'ils soient, l' « Agence Nationale du Cannabis » doit bénéficier d'un pouvoir de contrôle sur ce nouveau secteur.

Traditionnellement, les buralistes militent pour qu'un tel marché leur soit dévolu afin de compenser les pertes liées à la diminution des fumeurs traditionnels[189]. L'avantage de cette diversification réside dans le fait que les tabacs constituent déjà un réseau de distribution sous le contrôle de l'État. Cependant, certaines réalités montrent qu'il n'est pas le plus adapté, ni le plus légitime.

Tout d'abord, la vente de cannabis au côté du tabac n'est pas satisfaisante en matière de santé publique. En effet, cette pratique peut être source de tentation et facilite l'achat de la nouvelle substance légale pour un fumeur « classique ». De plus, alors que la consommation la plus à risque de cannabis est celle associée au tabac, vendre les deux substances au sein du même commerce ne paraît pas s'inscrire dans une politique efficace de réduction des risques. Enfin, comme le souligne certains de ces commerçants, ces endroits sont fréquemment victimes de cambriolage. Le manque de sécurité et l'attractivité financière de la revente des cartouches de cigarettes en font des proies privilégiées. Le stockage de cannabis destiné à la vente, contribuera probablement à l'augmentation de ces infractions.

La solution se trouve alors dans la création d'un nouveau réseau de distribution sécurisé, placé sous le contrôle de l'État, protecteur des consommateurs et de l'ordre public.

---

189 Le Parisien, « « Les buralistes sont prêts à vendre du cannabis », annonce leur président », *Le Parisien*, Mari Elsa, 21 juillet 2018.

De multiples possibilités existent pour réglementer ce commerce aussi bien lors de l'implantation des débits que pendant leurs exploitations.

Ces commerces peuvent prendre différentes formes : les débits à emporter et les débits à consommer sur place (comme les *coffee shops* néerlandais). Le premier se matérialise comme un bureau de tabac, les consommateurs achètent et sortent du magasin sans pouvoir consommer sur place. *A contrario*, le second est autorisé à vendre et à servir les usagers qui viennent consommer du cannabis sur place. Il constitue alors un lieu convivial où il est possible d'user de la substance en société. Cependant, ce modèle ne paraît pas s'inscrire dans une protection effective de la santé publique. Même s'il est susceptible d'être une alternative à l'usage de rue, ces débits constituent une incitation à la consommation. Dès lors, il est opportun de n'autoriser que les débits à emporter.

Une fois cette question tranchée, se pose celle de l'implantation de ces nouveaux commerces. La légalisation contrôlée, synonyme d'encadrement, suppose que leur ouverture soit soumise à autorisation. La logique veut que cette dernière soit délivrée par l'agence nationale, après avis des maires et des Préfets. Ils sont en effet les mieux placés pour apprécier l'opportunité d'une implantation dans telle ou telle zone. Cette formalité a plusieurs avantages. Tout d'abord, elle permet le contrôle du nombre de débit par habitant. Sur le modèle des bureaux de tabac ou des débits de boissons alcoolisées, un nombre limité de ces commerces doit être déterminé en liaison avec la population. De plus, elle permet d'interdire l'ouverture dans des zones à risques, comme par exemple à proximité des écoles, des lieux fréquentés par les mineurs ou encore près de centres de soins… Outre ce contrôle, l'autorisation permet également d'imposer des conditions d'exploitation et sanctionner toutes violations par des mesures de fermetures administratives ou judiciaires.

En ce qui concerne l'exploitation même de ces débits, elle peut être diverse. Comme expliqué précédemment, le but ici n'est pas de la laisser aux mains d'entreprises privées au détriment des préoccupations de santé publique. Pour éviter de telles déconvenues, il est possible de créer des débits publics, exploités directement par l'État par le biais de l' « Agence Nationale du Cannabis » sur l'exemple de certaines provinces canadiennes[190]. Cependant, un service public de vente de cannabis ne semble pas la solution la plus adaptée... Il est donc préférable d'envisager des établissements privés, sur le modèle des débits de tabac, soumis au respect de différentes conditions par les autorités compétentes (interdiction de publicité, mise à disposition de message sanitaire...).

Un réseau de distribution sous contrôle de l'État permet également de contrôler le prix du cannabis. Ce sujet doit être le fruit d'un compromis pour pouvoir répondre aux objectifs de la légalisation, disparition du trafic et protection de la santé publique. Il ne doit pas être trop élevé pour éviter la contrebande, ni trop bas pour ne pas encourager la consommation. Il doit permettre aussi aux agriculteurs et aux distributeurs d'être suffisamment rémunérés. Par ailleurs, le but étant également de rapporter de l'argent à l'État, le prix doit comprendre diverses taxes. En ce qui concerne l'application concrète, nous pouvons imaginer un prix variable, en fonction de différents facteurs, tels que la variété, le taux de THC ou encore le type de produit (herbe ou résine).

Le distributeur étant le dernier maillon de la chaîne, son rôle est donc extrêmement important et c'est ce qui justifie l'encadrement auquel il doit être soumis. Au-delà de ses fonctions commerciales, il doit être vigilant, avoir un rôle préventif et éducatif envers tous les consommateurs.

---

190 Québec, Nouveau-Brunswick, Nouvelle-Écosse, Île-du-Prince-Édouard.

In fine, tout le système de légalisation doit reposer sur l'ANSM en ce qui concerne le cannabis thérapeutique et « l'Agence Nationale du Cannabis » en matière récréative. Au cours de ces développements, nous avons étudié la production et la distribution du cannabis, mais un troisième secteur ne l'a pas été en raison de sa complexité. Il s'agit de la transformation et du conditionnement des produits. La seule règle mentionnée ici sera par rapport aux emballages qui doivent être le support d'une information sanitaire complète : mention des effets secondaires, des risques des produits, de leurs compositions...

En pratique, si une légalisation de tous les usages du cannabis intervient, le CSP doit faire l'objet d'une modification. En effet, il doit accueillir l'ensemble des dispositions relatives à la mise en place de cette politique comme il le fait pour le tabac ou les boissons alcoolisées. Dans cette optique, la place privilégiée d'une telle réglementation se trouve au sein de la troisième partie législative intitulée « Lutte contre les maladies et les dépendances ».

A ce titre, nous remarquerons l'absence de Livre VI dans cette partie, passant directement du Livre V « Lutte contre le tabagisme et lutte contre le dopage » au Livre VII « Prévention de la délinquance sexuelle, injonction de soins et suivi socio-judiciaire ». Ainsi, la légalisation contrôlée du cannabis peut être inscrite au sein de ce nouveau Livre VI intitulé « Lutte contre le cannabisme »[191].

Le premier article, L3611-1 du CSP, serait alors ainsi rédigé : « La production, l'acquisition, la détention, le transport, l'offre, la cession, de cannabis ou des produits du cannabis, sont autorisés dans les conditions prévues par le

191 Annexe 1 : Organisation du livre VI du Code de la santé publique, « Lutte contre le cannabisme ».

présent Livre, par dérogation à l'ensemble des dispositions relatives aux stupéfiants. »[192]

Cette partie, entièrement dédiée au nouveau régime, rassemblerait alors toutes les dispositions précédemment citées mais également les mesures permettant de réguler la consommation du cannabis.

Section 2. Légaliser pour réguler la consommation récréative du cannabis

La régulation de la consommation de cannabis est l'impératif premier de sa légalisation. La légalité de la substance ne doit pas conduire à des usages abusifs, dangereux pour autrui et perturbateur de l'ordre public. En ce sens, un cadre juridique doit être mis en place pour encadrer son usage.

Ce dernier peut s'inspirer très largement des législations sur l'alcool et le tabac, qui n'ont cessé de se renforcer lorsque ces deux substances ont été reconnues comme étant des drogues légales (§ 1). La régulation et la réussite d'une telle politique doivent se fonder sur une politique préventive renforcée (§ 2).

§ 1. Une légalisation inspirée par les législations sur l'alcool et le tabac

La réussite de la légalisation repose sur la mise en place d'un système strict, permettant un usage modéré. Comme l'explique très bien Francis Caballero, dans ce régime « l'interdit imposant l'abstinence est remplacé par une réglementation visant à la modération »[193]. Ainsi, l'usage n'est plus prohibé mais réglementé lorsqu'il porte atteinte aux intérêts

---

192 Annexe 2 : Dispositions Générale, Article L3611-1 du CPS.

193 CABALLERO (F.), *Legalize it !*, Esprit Frappeur, 2012, p 132.

de la société ou des tiers. Il convient donc de maintenir les sanctions pour les comportements à risques (A).

L'usager majeur a donc le droit de consommer du cannabis, à condition que cet usage ne devienne pas abusif. La légalisation permet donc également d'encadrer la consommation des adultes (B).

A. Le maintien des sanctions pour les comportements à risques

La légalité de la substance ne lui enlève pas sa qualité de stupéfiant. Ses effets psychotropes peuvent donc conduire les usagers à adopter des comportements à risques. La consommation peut entraîner des dommages pour les consommateurs ou pour les tiers. C'est pour cette raison qu'il convient de maintenir les sanctions pénales préexistantes, mais également de créer de nouvelles dispositions.

1. La protection de la jeunesse

Lorsque le sujet de la légalisation du cannabis est abordé, la principale inquiétude de l'opinion publique concerne les jeunes. La crainte repose sur l'apparition d'une banalisation de la substance, même si nous savons qu'aujourd'hui les jeunes consommateurs sont nombreux. Plusieurs mesures doivent donc impérativement être prises pour assurer une protection effective de la jeunesse.

Tout d'abord, au regard des dangers que représente le cannabis pour les adolescents[194], il est évident que ces derniers doivent être écartés de cette nouvelle marchandise légale. La législation doit donc fixer un âge en dessous duquel il est impossible de se procurer la substance. Dans tous les États ayant légalisé le cannabis, la majorité est la condition pour pouvoir s'en procurer légalement. Aux États-Unis

---

[194] Partie 1, Chapitre 2, Section 2, Paragraphe 1, A *« La réalité de la dangerosité du cannabis »*.

il faut donc avoir 21 ans, en Uruguay et au Canada 18 ans. Cependant, dans ce dernier cas et selon les provinces et les territoires, l'âge légal peut être porté à 19 ans[195]. L'objectif principal est de faire prendre conscience des dangers d'une telle consommation chez les jeunes et de retarder au maximum le premier usage. Mais, cet âge ne doit pas être trop élevé sinon il ne favorisera pas l'approvisionnement licite et contribuera au maintien du trafic. De ce fait, la logique veut qu'en France la vente soit interdite aux mineurs et donc réservée aux personnes âgées de 18 ans, sur le modèle du tabac ou de l'alcool. En ce sens, un article du CSP[196] devra mentionner ce principe au sein d'un chapitre dédié à la protection des mineurs, précisant que le vendeur doit exiger une preuve de majorité. Parallèlement, un autre article devra prévoir les sanctions pénales applicables en cas de violation.

Sur ce point, le CSP prévoit que la vente de boissons alcoolisées à un mineur est punie d'une amende de 7 500€, d'une perte temporaire de la licence, ou encore d'une fermeture temporaire ou définitive de l'établissement[197]. Pour la vente de tabac à un mineur, l'infraction est sanctionnée par le paiement d'une amende de 4ème classe[198]. Les effets du cannabis ayant un impact sur le développement du cerveau, la sanction relative à la violation de l'interdiction de la vente ou de l'offre de cannabis à un mineur doit se rapprocher de celles de l'alcool. Ainsi, la sanction peut se matérialiser par le paiement d'une amende de 10 000€ et la possibilité de pro-

---

195 Province où l'âge légal est de18 ans : Alberta, Québec ;

Provinces et territoires où l'âge légal est de 19 ans : Colombie-Britannique, Île-du-Prince-Édouard, Manitoba, Nouveau- Brunswick, Nouvelle-Écosse, Nunavut, Ontario, Saskatchewan, Terre-Neuve-et-Labrador, Territoires du Nord-Ouest, Yukon.

196 Annexe 3 : Protection des mineurs.

197 Article L3353-3 du Code de la santé publique.

198 Article R3515-5 du Code de la santé publique.

noncer une peine complémentaire, interdisant d'être salarié ou gestionnaire d'un débit cannabique[199].

De plus, en matière de protection des mineurs, il existe aujourd'hui dans le CP des dispositions permettant de poursuivre les personnes qui incitent des mineurs à user[200] ou détenir illicitement des stupéfiants[201]. De la même manière, cette répression est également prévue en ce qui concerne la consommation excessive d'alcool[202]. En cas de légalisation du cannabis, la substance fera l'objet d'un régime dérogatoire par rapport à celui des stupéfiants. Il faut donc prévoir la création d'un nouvel article sanctionnant ces comportements. Au vu des dangers du cannabis sur les plus jeunes, il est nécessaire que la simple incitation soit punie, sans retenir le caractère excessif ou d'habitude prévu en matière de boissons alcoolisées. Ainsi, le fait d'inciter un mineur à acquérir, détenir, transporter, offrir, céder ou consommer du cannabis peut être puni d'une peine de deux ans d'emprisonnement et 30 000€ d'amende[203].

2. La protection des tiers

Outre la protection des mineurs, la législation doit également penser à celle des tiers. En effet, le consommateur de cannabis peut adopter des comportements dangereux pour les autres membres de la société. La légalisation contrôlée permet alors de lutter contre les conduites à risques que ce soit en termes de sécurité routière, ou dans certains secteurs professionnels. Enfin, elle permet également de maintenir les sanctions pénales pour les activités s'exerçant en dehors du nouveau circuit légal mis en place.

---

[199] Annexe 4 : Organisation du « Titre 5 : disposition pénales », L3655-3 CSP.

[200] Article 227-18 du Code pénal.

[201] Article 227-18-1 du Code pénal.

[202] Article 227-19 du Code pénal.

[203] Annexe 5 : Dispositions du Code pénal.

Les dangers de la consommation au volant ne font aucun doute. Il est donc normal de prévoir un dispositif permettant la répression de ce type de comportement. Aujourd'hui, le code de la route[204] réprime « *Toute personne qui conduit un véhicule {…} alors qu'il résulte d'une analyse sanguine ou salivaire qu'elle a fait usage de substances ou plantes classées comme stupéfiants est punie de deux ans d'emprisonnement et de 4 500 euros d'amende* ». Le maintien de ces dispositions est nécessaire, tout comme les peines complémentaires prévues. Certains auteurs, comme Francis Caballero, souhaite l'évolution du libellé de cet article[205]. Pour ce dernier, un taux de THC devrait être fixé sur le modèle de l'alcool en dessous duquel la sanction ne doit pas intervenir. Cependant, il n'existe pas aujourd'hui d'étude fiable relative à l'impact des taux de THC sur la conduite. En ce sens, de nouveaux programmes scientifiques doivent être menés pour permettre d'établir si en deçà d'un certain taux de THC la conduite est envisageable.

La consommation de drogue peut être également problématique lorsqu'elle se fait au travail. Alors que certains alcools peuvent être autorisés[206], le cannabis doit y être interdit de manière stricte. De plus, une consommation hors secteur professionnel peut avoir un impact dans tous les secteurs professionnels : santé, transport, éducation, travail manuel… Dans ce cas, le droit du travail autorise la mise en œuvre de test salivaire permettant aux employeurs de contrôler leurs salariés à certaines conditions : inscription dans le règlement intérieur, réservé aux postes à risques, accords des salariés concernés, possibilité de contre-expertise. En cas de légalisation, nous pouvons imaginer une fréquence régulière des contrôles ou des contrôles inopinés en cas de doutes.

---

204 Article L235-1 du Code de la route.

205 CABALLERO (F.), *Legalize it !*, Esprit Frappeur, 2012, p 150 à 152.

206 Article R4228-20 du Code du travail.

Enfin, la mise en œuvre d'un circuit légal induit nécessairement la mise en œuvre d'un dispositif réprimant toutes activités illégales. Aujourd'hui, ce cadre est prévu de manière générale pour les stupéfiants à l'article 222-37 du CP réprimant le « transport, la détention, l'offre, la cession, l'acquisition ou l'emploi illicites de stupéfiants ». Un article du CSP peut prévoir que les activités liées au cannabis ne respectant pas les dispositions prévues pour le circuit légal tombent sous le coup de l'article 222-37, hors textes spéciaux[207]. La sanction est sévère mais elle est nécessaire pour dissuader les trafiquants et les consommateurs de se tourner vers le marché illégal.

Au-delà des comportements abusifs et risqués, la légalisation permet également de réguler la consommation des adultes par le biais de différents mécanismes.

B. La régulation de la consommation personnelle pour les adultes

La légalisation contrôlée permet aux adultes de consommer licitement la substance, mais également de contrôler son usage pour éviter les comportements abusifs. Alors que la seule autorisation de certaines variétés de cannabis y contribue, il existe d'autres mécanismes permettant de réguler la consommation du stupéfiant. En effet, il est possible d'encadrer les quantités vendues et détenues par les usagers, ainsi que les lieux de consommation.

Pour pouvoir prétendre que la légalisation œuvre à l'encadrement de la consommation, il faut que le législateur détermine les quantités maximums pouvant être vendues et détenues par les citoyens majeurs. Francis Caballero est contre une telle mesure en France[208] considérant que de

[207] Annexe 4 : Dispositions pénales, L3655-1 CSP.

[208] CABALLERO (F.), *Legalize it !*, Esprit Frappeur, 2012, p 180 à 183.

telles limitations n'existent pas pour l'alcool et le tabac. Cependant, ce n'est pas parce qu'un système n'existe pas pour une drogue que nous devons l'écarter pour une autre. En effet, ces seuils apparaissent nécessaires pour plusieurs raisons. Ils permettent de lutter contre les pratiques abusives des consommateurs qui se retrouvent limités dans leur usage, mais également contre la contrebande en évitant les possibilités d'achat de grandes quantités en vue d'une revente à des tiers (comme les jeunes par exemple) hors circuit légal.

Concernant la détermination des quantités mêmes, les seuils fixés peuvent être les mêmes qu'il s'agisse de la vente ou de la possession. Logiquement, les débits ne peuvent vendre que la quantité maximum de cannabis qu'il est autorisé à avoir en sa possession. Ainsi, une fois cette dernière déterminée, il ne reste plus qu'à la transposer au principe de la vente. Dans les États de Washington et du Colorado il est possible d'acheter une once de cannabis, soit environ 28 grammes. Au Canada il est autorisé de posséder 30 grammes par personnes en public, sous-entendu qu'il n'y a pas de limite dans le cadre privé. Cependant, certaines provinces ont choisi de limiter également la détention dans les résidences privées. Au Québec, par exemple, il est interdit de posséder plus de 150 grammes de cannabis au sein d'une résidence privée. Rappelons également qu'aux Pays-Bas, depuis de nombreuses années, les *coffee shops* sont limités à la vente de 5 grammes par personne. Au vu des pratiques étrangères, nous pouvons imaginer en France un seuil fixé à 20 grammes pour l'achat et la possession de cannabis par arrêté ministériel.

Par ailleurs, légaliser la substance ne suppose pas de laisser les citoyens déambuler dans les rues un joint à la main. En ce sens, il est nécessaire de mettre en œuvre un cadre juridique régissant les lieux de consommation. La légalisation contrôlée offre alors cette possibilité en permettant la mise en œuvre de restriction au nouveau droit d'user du cannabis.

Pour des raisons de protection de la jeunesse, des non-fumeurs, de l'environnement et de l'ordre public, la consommation de cannabis doit être interdite dans tous les lieux publics. Cette disposition est plus sévère que pour les usagers des drogues licites, mais elle se justifie pour plusieurs raisons.

Tout d'abord, à la différence de l'alcool et du tabac, les effets du cannabis sont immédiats et peuvent contribuer plus rapidement à des troubles de l'ordre public. De plus, alors que le tabac est interdit dans les lieux publics clos, dans les enceintes des écoles[209] au niveau national, certaines municipalités interdisent également la cigarette au sein de leur parc. On assiste donc à un renforcement des restrictions en ce qui concerne le tabac, ce qui justifie que le cadre juridique du cannabis le soit aussi. Il doit donc être interdit de fumer dans les lieux publics et la violation de cette disposition doit donner lieu à une sanction sous forme d'amende. A titre de comparaison, la violation de l'interdiction de fumer du tabac dans certains lieux publics entraîne une amende de troisième classe[210]. Il faut donc que celle sanctionnant l'infraction de consommation de cannabis dans un lieu public soit plus sévère. Ainsi, nous pouvons imaginer la mise en place d'une amende de quatrième classe[211] : consommer du cannabis certes, mais dans les espaces privés. Enfin, cette mesure participe à l'acceptation de ce nouveau régime par l'opinion publique ne souhaitant pas voir banaliser le stupéfiant.

L'ensemble des mesures présentées dans ce paragraphe permettent d'encadrer la consommation de cannabis que ce soit en interdisant à certaines personnes de consommer la substance ou en régulant la consommation des autres. Cependant, au-delà de ces dispositions juridiques pures, il est

---

209 Article L3512-8 du Code de la santé publique.

210 Article R3515-2 du Code de la santé publique.

211 Annexe 4 : Dispositions pénales, L3655-2 CSP.

nécessaire de mettre en place une politique préventive renforcée et plus efficace.

§ 2. La nécessité d'une politique préventive renforcée

La prévention est le dernier volet qu'il convient d'aborder. Aujourd'hui, les campagnes préventives sur les dangers du cannabis se font rares. Pourtant, quelles que soient les politiques menées, ces dernières devraient être focalisées sur cet aspect. En effet, la prévention est le préalable de toute politique en matière de drogue et de comportements dangereux. Elle constitue son pilier en tentant d'empêcher ou de retarder la consommation de cannabis, et d'adopter également des conduites moins risquées. Pour atteindre ces objectifs, deux points sont alors essentiels.

Le premier repose sur l'interdiction de la publicité directe ou indirecte en faveur du cannabis (A), assortie de quelques exceptions très encadrées. Le second, sur le développement de campagnes préventives en trouvant un équilibre entre perspectives économiques et politique de santé publique (B).

A. L'interdiction de toute publicité en faveur du cannabis

Depuis la loi Evin[212], la promotion en faveur des drogues licites que sont l'alcool et le tabac fait l'objet d'un encadrement. Même si ces dispositions souffrent de nombreuses exceptions, notamment pour l'alcool, il n'en reste pas moins que la législation encadre de manière stricte la publicité qui les entoure.

La réglementation de la publicité en faveur du tabac est rigoureuse mais simple : toute propagande ou publicité,

---

212 Loi n° 91-32 relative à la lutte contre le tabagisme et l'alcoolisme, 10 janvier 1991.

qu'elle soit directe ou indirecte, est interdite sauf dans les débits de tabac ou pour les professionnels de ce secteur[213]. Concernant l'alcool, seuls les moyens de publicité énoncés par le CSP[214] sont autorisés, ce qui exclut par exemple le secteur audiovisuel. Ainsi, la publicité est autorisée dans la presse écrite (à l'exception de celle destinée à la jeunesse), par voie de radiodiffusion, sous forme d'affiche sur la voie publique[215]... Cette réglementation est largement influencée par la culture française. En matière de cannabis, il convient de s'inspirer de la réglementation du tabac beaucoup plus stricte, tout en apportant quelques modifications.

La protection de la santé publique est l'un des objectifs de la légalisation du cannabis. Il est donc impensable qu'une quelconque publicité puisse être faite en faveur de la substance. La législation doit donc interdire toute forme de promotion en faveur du cannabis ou d'une variété, que ce soit pour les producteurs, les industriels ou les distributeurs. Ainsi, la publicité dans les magazines, à la radio, à la télévision, sur des panneaux d'affichage doit être écartée. De la même manière, la publicité pour les outils qui permettent de consommer du cannabis doivent être proscrits.

Certains estiment que des dérogations à ces principes doivent être mises en place, notamment pour les gérants de débits cannabiques afin qu'ils puissent faire connaitre leur commerce. Cependant, à notre époque où l'information circule à une « vitesse grand V », il est inutile que de telles mesures soient envisagées. Par ailleurs, ces nouveaux commerces seraient signalés par une enseigne réglementée comme pour le tabac. Nous pouvons imaginer une feuille de cannabis comme au Canada, avec des dimensions fixes ne pouvant être ajustées au bon vouloir des gérants.

---

213 Article L3512-4 du Code de la santé publique.

214 Article L3323-2 du Code de la santé publique.

215 Article L3323-5-1 du Code de la santé publique.

Une dérogation peut être néanmoins admise : la publicité au sein de ces débits cannabiques. Loin d'avoir des affiches à l'effigie de grands industriels comme pour le tabac, il est envisageable d'autoriser des prospectus, catalogues, permettant aux consommateurs de savoir ce qu'ils peuvent acheter. Cela peut avoir un effet bénéfique si la publicité sert à la promotion d'accessoires tels que des vaporisateurs contribuant ainsi à la politique de réduction des risques. De plus, comme pour le tabac, il est possible de réglementer les contenus ou les formats : l'interdiction de grandes affiches, mentions obligatoires sur les dangers du cannabis…

B. La nécessité de trouver un équilibre entre perspectives économiques et politique de santé publique

En France, la prévention de l'usage de cannabis s'inscrit dans celle des conduites addictives s'appliquant aux substances psychoactives licites et illicites, mais également à d'autres formes d'addictions (jeux d'argent par exemple). Cette mission est confiée à la MILDECA, mais également à la Commission interministérielle de prévention des conduites addictives (CIPCA).

La prévention est l'élément clé de la réussite de la légalisation contrôlée du cannabis. Le financement de ces dispositifs doit reposer sur les gains économiques tirés de la légalisation revenant à l'État. De manière plus générale, les plans nationaux doivent être définis par la MILDECA, la CIPCA, en concertation avec l'agence nationale nouvellement créée pour le cannabis récréatif. Plusieurs mesures doivent être adoptées et des leçons tirées de l'échec des politiques précédentes.

Le public le plus concerné est celui de la jeunesse. Aujourd'hui, les activités préventives sont généralement effectuées en milieu scolaire par les services répressifs (gendarmes, policiers). Cette pratique, déjà contreproductive dans un régime prohibitionniste, doit totalement disparaître en cas de légalisation. Les interventions doivent reposer sur le corps médical et peuvent par exemple être déléguées au médecin ou l'infirmière scolaire. En ce qui concerne le cannabis, l'idée est de ne pas faire de désinformation en le diabolisant mais d'informer des dangers spécifiquement liés à l'adolescence. Au niveau national, les campagnes de prévention doivent également appliquer cette règle. Pour avoir le résultat escompté, elles doivent être basées sur la réalité de la dangerosité du cannabis.

Concernant les adultes, la logique est la même que pour l'alcool. Même si tout n'est pas parfait, nous pouvons considérer que les plans nationaux en matière de lutte contre l'alcoolisme ont tout de même obtenu des résultats. En effet, nous ne pouvons que constater la baisse des comportements problématiques. Il en sera de même dans le cadre d'une légalisation du cannabis : informer de ses dangers réels et plébisciter une consommation à moindre risque. Cela passe notamment par la promotion des types de consommation autre que la combustion lors des campagnes nationales par exemple.

La prévention bénéficie aujourd'hui d'un budget dérisoire par rapport à celui destiné à la répression. Or, s'il est mis fin à la prohibition et que la substance fait l'objet d'un commerce, des recettes conséquentes reviendront à l'État. Ces bénéfices devront alors être réinjectés pour la prévention, qui grâce à un budget plus élevé, peut espérer être plus efficace.

Compte tenu de l'ensemble de ces éléments la légalisation du cannabis apparaît comme la politique de régulation la plus aboutie. Au-delà des intérêts purement économiques, l'ensemble du régime permet un encadrement de la consommation. L'intervention du législateur et la mise en œuvre d'une agence nationale spécialisée font que les exigences relatives à ce nouveau marché légal peuvent être rigoureuses.

En légalisant, la production est soumise à différentes normes impactant la qualité des produits consommés. Le « deal légal » permet de consommer des substances de qualité, alors qu'actuellement le marché est inondé de substances trafiquées, non sans risque pour la santé. De la même manière, la distribution au sein d'un système sécurisé permet de nombreux avantages. Tout d'abord, les risques liés au passage à une autre drogue sont réduits : les consommateurs ne sont plus en contact avec des dealers suggérant l'essai de nouvelles substances. De plus, les vendeurs professionnels seraient formés aux dangers liés à la consommation et connaîtraient également parfaitement leur marchandise, permettant une information avisée des clients.

Le dernier atout de la légalisation consiste à sa capacité à réguler la consommation chez les adultes. Peut-être cela paraît-il naïf, mais il n'en reste pas moins que tous les outils juridiques permettent de l'encadrer également. La légalisation ne doit pas être synonyme de banalisation et c'est pour cela que plusieurs mesures doivent être adoptées : interdiction pour les mineurs, interdiction dans les lieux privés, interdiction au volant, au travail…

Présentée ainsi, elle apparaît comme la politique idéale. Mais il est évident que certains inconvénients existent : risque de banalisation de l'usage avec la fin d'un tabou moral, problèmes sanitaires et sociaux dus au cannabisme chronique ou encore augmentation de la consommation. Cependant, ces événements peuvent être largement relativisés. Par exemple, la mise à disposition de seringues pour les toxicomanes ou l'ouverture de salle de shoot dans les grandes villes n'ont pas entraîné une augmentation des injections. De la même manière, les politiques de légalisation aux États-Unis ont enregistré une évolution de la consommation, mais loin d'être une explosion comme cela était annoncé par les partisans anti-légalisation.

En conclusion de cette seconde partie, deux évidences se dessinent. La première tient à la nécessité de dépénaliser l'usage de cannabis et en réalité, l'usage de tous les stupéfiants. L'ensemble du système judiciaire, services répressifs et tribunaux, est submergé par ce type d'infraction alors que nous l'avons vu la répression n'a aucun impact pour ces comportements. La France doit donc prendre conscience de son retard et supprimer, purement et simplement, l'infraction d'usage de stupéfiant.

La seconde tient à l'insuffisance de la dépénalisation, permettant la consommation mais interdisant la vente ouvrant ainsi le marché aux trafiquants. Partant de cette incohérence, la légalisation du cannabis constitue une alternative autrement plus crédible. En s'inspirant des modèles étrangers et au regard des développements précédents, la France est capable de mettre sur pied un système satisfaisant alliant intérêts de santé publique et intérêts économiques.

Certains estiment que la légalisation du cannabis ouvrirait une porte vers des drogues plus dures. Cette affirmation repose sur une théorie ancienne, vénérée par les prohibitionnistes, « la théorie de l'escalade ». Cette dernière voudrait que l'usage de cannabis conduise nécessairement à la consommation de drogues dures. Dans cette logique, certains craignent que la cocaïne prenne la place du cannabis et que d'ici quelques années on s'interroge sur sa légalisation[216]. La question reste alors épineuse car les études en la matière divergent. Il faut alors peut-être en déduire que tout dépend des consommateurs. Certains, enclins à de nouvelles expériences de plus en plus fortes, consommeront des drogues

216 CHÉDOTAL (F.) « Cannabis : le psychiatre Xavier Pommereau, spécialiste de l'adolescence, ne milite pas pour la légalisation », *La Montagne Centre-France*, 21 juin 2019, p 32 ;

dures après avoir consommé du cannabis ; alors que d'autres, s'arrêteront à cette seule substance.

Conclusion

« *Cigarettes, pastis, aspirine, café, gros rouge, calmants font partie de notre vie quotidienne. En revanche, un simple "joint de cannabis" peut vous conduire en prison ou chez un psychiatre. {...} des milliers et des milliers de personnes fument du cannabis aujourd'hui en France, dans les journaux, les lycées, les facultés, les bureaux, les usines, les ministères, les casernes, les concerts, les congrès politiques, chez elles, dans la rue. Tout le monde le sait. C'est pour lever ce silence hypocrite que nous déclarons publiquement avoir déjà fumé du cannabis en diverses occasions et avoir, éventuellement, l'intention de récidiver.* »[217]. Extraites de l'« Appel du 18 joint » de 1976, ces quelques phrases nous permettent de constater que les problèmes existent depuis quarante ans mais que tous les gouvernements successifs ont fait la sourde oreille. Déjà à cette époque, la dépénalisation totale du cannabis était réclamée.

Alors que la prohibition des drogues s'est progressivement durcie, les signes d'un échec de cette politique n'ont cessé de s'accroître. L'interdiction, accompagnée d'effets pervers en termes de santé et de sécurité publique, n'a pas réussi à enrayer la consommation de cannabis. A l'heure où l'interdit se fragilise sur l'ensemble du globe, laissant place à la liberté de consommer le stupéfiant, la France s'entête dans la prohibition. Elle devrait pourtant se réveiller, pour ne pas être l'une des dernières grandes puissances à posséder une législation archaïque en la matière.

---

217 SIRINELLI (J-F.), « L'« appel du 18 joint » » , *Libération*, 18 juin 1976

Dans un contexte national et international favorable à une évolution, cette réforme serait souhaitée par la moitié des français. Le temps des débats stériles sur l'opportunité de la légalisation doit donc s'arrêter, pour laisser place au changement. La France peut donc rattraper son retard en initiant cette grande réforme.

Néanmoins, dans ce contexte, certains partisans prohibitionnistes allèguent qu'il ne faut pas libéraliser les drogues, et notamment le cannabis, car cela entraînerait un effondrement de l'économie de certains quartiers. Afin de ne pas aggraver la situation et voir de nouvelles difficultés émerger dans ces zones sensibles, ils préconisent de continuer à interdire la substance et maintenir le *deal*. Ce discours dont la moralité interpelle apparaît plutôt défaitiste. Néanmoins, dans le cadre de la légalisation un sujet épineux reste sans réponse : que vont devenir ces petits dealers privés de leur manne financière ? Le risque d'une « révolution des cités » n'étant pas à exclure, cette question doit être étudiée et traitée de manière détaillée en préalable à toute évolution législative. La mise en place de plans particuliers de sauvegarde par les pouvoirs publics pourrait constituer une première piste de réflexion…

Annexes

Annexe 1 - Organisation du livre VI du Code de la santé publique, « Lutte contre le cannabisme ».

La légalisation contrôlée du cannabis serait inscrite au sein d'un nouveau Livre VI intitulé « Lutte contre le cannabisme ». Il rassemblerait l'ensemble des dispositions au sein de différents titres organisés comme suit :

- Un Titre préliminaire mentionnant les grands principes de ce nouveau marché :

« Titre 1 : Dispositions générales ».

- Le second Titre regroupant au sein de différents chapitres les dispositions relatives à la production, la transformation et au conditionnement : variétés autorisées, taux de THC légaux, modalités d'exploitation et de délivrance des licences, emballages et étiquetages des produits … :

« Titre 2 : Modalités de production et d'exploitation ».

- Un Titre 3 mentionnant les règles relatives au réseau de distribution au sein de différents chapitres : autorisation des seuls débits à emporter, limitation de leurs nombres, règles relatives à la délivrance et la péremption des licences, zones protégées, modalités d'exploitations… :

« Titre 3 : Débits cannabiques ».

- Un Titre 4 réservé à la protection des mineurs et à la lutte contre l'abus du stupéfiant :

« Titre 4 : Protection des mineurs et prévention du cannabisme ».

- Un Titre 5 réservé aux dispositions pénales et sanctionnant la violation des règles précédemment citées :

« Titre 5 : Dispositions pénales ».

Annexe 2 - Organisation du « Titre 1 : Dispositions générales »

Article L3611-1 du CSP : « La production, l'acquisition, la détention, le transport, l'offre, la cession, de cannabis ou des produits du cannabis, sont autorisés dans les conditions prévues par le présent Livre, par dérogation à l'ensemble des dispositions relatives aux stupéfiants. »

Article L3611-2 du CSP : « Le terme "cannabis" désigne : la plante de cannabis et ses dérivés (fleurs séchées, résine) dont la teneur en tétrahydrocannabinol est inférieure au taux défini par un arrêté du Ministre de la Santé.

Le terme de "produits cannabiques" désigne tout produit contenant du cannabis. »

Article L3611-3 du CSP : « Il est interdit de consommer du cannabis ou des produits cannabiques dans les lieux affectés à un usage collectif, les lieux et transports publics ou accessibles au public. »

Annexe 3 - Protection des mineurs

Au sein du « Titre 4 : Protection des mineurs et prévention contre le cannabisme », un « Chapitre Ier : Protection des mineurs » doit être prévu, comportant un article rédigé ainsi :

Article L3633-1 du CSP : « Il est interdit de vendre ou d'offrir gratuitement, dans les débits cannabiques ou lieux publics, du cannabis à des mineurs.

La personne qui délivre la substance exige du client qu'il établisse la preuve de sa majorité ».

Annexe 4 - Organisation du « Titre 5 : Dispositions Pénales »

Article L3655-1 du CSP : « L'acquisition, la détention, le transport, l'offre ou la cession de cannabis en dehors du circuit légal et en violation des dispositions du présent Livre, intitulé "Lutte contre le cannabisme", sont soumis aux dispositions de l'article 222-37 du Code pénal, sauf dispositions spéciales »

Article L3655-2 du CSP : « Le fait de fumer dans les lieux affectés à usage collectif, les lieux et transports publics ou accessibles au public est puni d'une amende de quatrième classe ».

Article L3655-3 du CSP : « La vente de cannabis à des mineurs dans des débits cannabiques est punie de 10 000€ d'amende.

Les personnes physiques coupables de cette infraction encourent également la peine complémentaire d'interdiction de travailler comme salarié ou gestionnaire d'un débit cannabique. »

Annexe 5 - Dispositions du Code pénal

Article 227-20 du Code pénal : « Le fait de provoquer directement un mineur à acquérir, détenir, transporter, offrir, céder ou consommer du cannabis est puni de deux ans d'emprisonnement et de 30 000€ d'amende.

Lorsqu'il s'agit d'un mineur de quinze ans ou que les faits sont commis dans des établissements d'enseignement ou d'éducation, ainsi qu'aux abords de ces derniers, le fait de se rendre coupable de l'une des infractions définies au présent article porte au double le maximum des peines encourues. »

Bibliographie

ARTICLES

BENSOUSSAN (D.), « Le trafic millimétré des millionnaires du deal », *Challenges*, n°593, 17-23 janvier 2019, p 50 à 51.

BISIOU (Y.), « Deux siècles de politiques publiques des drogues », *Psychotropes*, Vol. 22, n°2, 2016, p 25 à 39.

BISIOU (Y.), « Cannabis : Payer pour fumer », *AJ Pénal,* 27 novembre 2017, p 486 à 489.

BISIOU (Y.), « Amende forfaitaire délictuelle : l'inégalité devant la loi », *Dalloz actualité*, 17 avril 2018.

BISIOU (Y.), *«* Cannabidiol (CBD) et « cannabis ultra-light » : quel statut en droit français ? *», Recueil Dalloz 2018*, p 1447.

BISIOU (Y.), « Cannabis et dérivés : la CJUE saisie d'une question préjudicielle », *AJ Pénal*, 21 décembre 2018, p 576 à 577.

BUJON de l'ESTANG (A-N), La prohibition aux États-Unis dans les 1920 : un échec cuisant, Colloque de l'Académie du Vin de France et de la Société de Géographie, 27 janvier 2012.

CHÉDOTAL (F.), « Cannabis : le psychiatre Xavier Pommereau, spécialiste de l'adolescence, ne milite pas pour la légalisation », *La Montagne Centre-France*, 21 juin 2019, p 32.

CIESLINSKI (C.), « Creuse connection », L'OBS, n°2850, 20-26 juin 2019, p27.

COLSON (R.), « Usage de stupéfiants : l'hypothèse de la contraventionnalisation », *Recueil Dalloz 2017*, p 2170.

COLSON (R.), « La légalité du delta-9-tétrahydrocannabinol à l'ère du cannabis industriel », *Recueil Dalloz 2018*, p 802.

COLSON (R.), « L'extension du domaine du chanvre légal », *Recueil Dalloz 2018*, p1445.

COLSON (R.), « Stupéfiants : usage du cannabis à visée thérapeutique », *Recueil Dalloz 2019*, p 77.

DECHAUX (D.), « La France fait sa révolution thérapeutique », *Challenges*, n°593, 17-23 janvier 2019, p 49.

DREIFUSS (R.), CARDOSO (F.), KWASNIEWSKI (A.)

KAZATCHKINE (M.), « La lutte contre la drogue en France : "Le résultat est un échec difficile à contester" », *Le Monde*, 26 aout 2017.

FAYOLLE (F.), « Atterrissage à Denver, capitale de la marijuana », *Challenges*, n°593, 17-23 janvier 2019, p 52 à 53.

FILLIÈRE (M.), « Faut-il vraiment légaliser le cannabis ? », *La Montagne Centre-France*, 27 juin 2019, p 34.

LA ROCQUE (J-P.), « Cannabis : La ruée vers l'herbe », *Challenges*, n° 593, 17-23 janvier 2019, p 46 à 48.

RAPEGNO (J.), « Le président du Grand Guéret et conseiller régional Éric Correia revient sur son initiative », Interview d'Eric Correia, *La Montagne Centre-France*, 26 décembre 2018, p 8.

RAPEGNO (J.), « Le cannabis thérapeutique sera testé par les patients en 2020 », *La Montagne Centre-France*, 20 juin 2019, p 4.

ROCFORT-GIOVANNI (B.), « Légalisation : c'est le moment ! », *L'OBS*, n°2850, 20-26 juin 2019, p 22 à 26.
STATIUS (T.), « Il faut que la mairie légalise », *L'OBS*, n°2850, 20-26 juin 2019, p 32-33.

OUVRAGES

BECK (F.), GUIGNARD (R.), RICHARD (J-B.), *Usage de drogues et pratiques addictives en France*, La documentation française, 2014.

BERGERON (H.), COLSON (R.), *Les drogues face au droit*, Presses Universitaires de France, 2015.

CABALLERO (F.), *Legalize it !*, Esprit Frappeur, 2012.

CABALLERO (F.), BISIOU (Y.), *Droit de la drogue*, 2nd édition, Précis DALLOZ, 2000.

COPPEL (A.), DOUBRE (O.), *Drogues : sortir de l'impasse, Expérimenter des alternatives à la prohibition*, La découverte, 2012.

MAESTRACCI (N.), *Les drogues*, « Que sais-je », Presses Universitaires de France, 2005.

PELLETIER (M.), *Rapport de la mission d'étude sur l'ensemble des problèmes de drogues*, La Documentation française, 1978.

RICHARD (D.), SENON (J-L.), *Le cannabis*, Que sais-je ?, PUF, 2010.

RICHARD (D.), SENON (J-L.), VALLEUR (M.), *Dictionnaire des Drogues et des dépendances*, Larousse, 2009.

ROQUES (B.), *La dangerosité des drogues. Rapport au secrétariat d'État à la Santé*, Éditions Odile Jacob, 1999.

RAPPORTS, NOTES, AVIS

AURIOL (E .) et GEOFFARD (P-Y.) CAE, *Cannabis : comment reprendre le contrôle ?*, Les notes du conseil d'analyse économique, n°52, juin 2019.

Commission globale de politique en matière de drogues, *La classification des substances psychoactives : Lorsque la science n'est pas écoutée*, rapport 2019.

Commission nationale consultative des droits de l'homme (CNDCH), *Usages de drogues et droits de l'homme*, 8 novembre 2016.

Comité scientifique spécialisé temporaire (CSST) Évaluation de la pertinence et de la faisabilité de la mise à disposition du cannabis thérapeutique en France, *Cannabis à visée thérapeutique : Projet d'expérimentation*, 19 juin 2019.

Direction de l'initiative parlementaire et des délégations, *Note sur la dépénalisation de la consommation de cannabis*, étude de législation comparée n°238, novembre 2013.

GANDILHON (M.), CADET-TAÏROU (A.), SAÏD (S.), pour l'Observatoire français des drogues et des toxicomanies (OFDT), *Baromètre Prix : Les prix de détail et la disponibilité des principales substances psychoactives circulant en France en 2012*, septembre 2013.

LAKHDAR (C.), pour l'Observatoire français des drogues et des toxicomanies (OFDT), *Le trafic de cannabis de cannabis en France : estimation des gains des dealers afin d'apprécier le potentiel de blanchiment*, novembre 2007.

MILDECA, INHESJ, *Rapport synthétique sur l'argent de la drogue en France : estimation des marchés des drogues illicites en France*, 2016.

Ministère de la Justice, *Références Statistiques Justice année 2017*, « Le traitement judiciaire dans différents contentieux », décembre 2018.

OBRADOVIC (I.), pour l'Observatoire français des drogues et des toxicomanies (OFDT), *Législations relatives à l'usage et à la détention de cannabis : définitions et état des lieux en Europe*, 15 mars 2016.

OBRADOVIC (I.), GANDILHON (M.), pour l'Institut français des relations internationales, *La légalisation du cannabis aux États-Unis : Les exemples du Colorado et de l'État de Washington*, février 2018.

OBRADOVIC (I.), pour l'Observatoire français des drogues et des toxicomanies, *La légalisation du cannabis au Canada : Genèse et enjeux de la réforme*, 11 octobre 2018.

Observatoire européen des drogues et des toxicomanies (OEDT), *Rapport européen sur les drogues : tendances et évolutions*, 7 juin 2018.

Observatoire européen des drogues et des toxicomanies (OEDT), *Rapport européen sur les drogues : tendances et évolutions*, 6 juin 2019.

Observatoire français des drogues et des toxicomanies (OFDT), *Drogues et addictions : données essentielles*, 7ème édition, 18 avril 2019.

OMS, *The Health and social effects of nonmedical cannabis use*, 29 février 2016.

PROTAIS (C.), pour l'Observatoire français des drogues et des toxicomanies, *Législations relatives aux stupéfiants en Europe en 2016 : points communs et divergences*, 19 décembre 2016.

Rapport de la Commission d'enquête sur la situation, les missions et les moyens des forces de sécurité qu'il s'agisse de la police nationale, de la gendarmerie, ou de la police municipale, 3 juillet 2019.

Rapport du groupe de travail Socialiste, Radical, Citoyen, présidé par VAILLANT (D.), *La légalisation contrôlée du cannabis*, 5 juillet 2011.

Table des matières

Structures éditoriales du groupe L'Harmattan

L'Harmattan Italie
Via degli Artisti, 15
10124 Torino
harmattan.italia@gmail.com

L'Harmattan Hongrie
Kossuth l. u. 14-16.
1053 Budapest
harmattan@harmattan.hu

L'Harmattan Sénégal
10 VDN en face Mermoz
BP 45034 Dakar-Fann
senharmattan@gmail.com

L'Harmattan Cameroun
TSINGA/FECAFOOT
BP 11486 Yaoundé
inkoukam@gmail.com

L'Harmattan Burkina Faso
Achille Somé – tengnule@hotmail.fr

L'Harmattan Guinée
Almamya, rue KA 028 OKB Agency
BP 3470 Conakry
harmattanguinee@yahoo.fr

L'Harmattan RDC
185, avenue Nyangwe
Commune de Lingwala – Kinshasa
matangilamusadila@yahoo.fr

L'Harmattan Congo
67, boulevard Denis-Sassou-N'Guesso
BP 2874 Brazzaville
harmattan.congo@yahoo.fr

L'Harmattan Mali
Sirakoro-Meguetana V31
Bamako
syllaka@yahoo.fr

L'Harmattan Togo
Djidjole – Lomé
Maison Amela
face EPP BATOME
ddamela@aol.com

L'Harmattan Côte d'Ivoire
Résidence Karl – Cité des Arts
Abidjan-Cocody
03 BP 1588 Abidjan
espace_harmattan.ci@hotmail.fr

L'Harmattan Algérie
22, rue Moulay-Mohamed
31000 Oran
info2@harmattan-algerie.com

L'Harmattan Maroc
5, rue Ferrane-Kouicha, Talaâ-Elkbira
Chrableyine, Fès-Médine
30000 Fès
harmattan.maroc@gmail.com

Nos librairies en France

Librairie internationale
16, rue des Écoles – 75005 Paris
librairie.internationale@harmattan.fr
01 40 46 79 11
www.librairieharmattan.com

Lib. sciences humaines & histoire
21, rue des Écoles – 75005 Paris
librairie.sh@harmattan.fr
01 46 34 13 71
www.librairieharmattansh.com

Librairie l'Espace Harmattan
21 bis, rue des Écoles – 75005 Paris
librairie.espace@harmattan.fr
01 43 29 49 42

Lib. Méditerranée & Moyen-Orient
7, rue des Carmes – 75005 Paris
librairie.mediterranee@harmattan.fr
01 43 29 71 15

Librairie Le Lucernaire
53, rue Notre-Dame-des-Champs – 75006 Paris
librairie@lucernaire.fr
01 42 22 67 13

www.ingramcontent.com/pod-product-compliance
Lightning Source LLC
LaVergne TN
LVHW010936051026
849532LV00003B/997
* 9 7 8 2 3 4 3 1 9 4 8 0 6 *